市场营销类课程改革创新教材

汽车销售顾问
QiChe XiaoShou GuWen

主　编　李晓琳

副主编　陈镇亚　颜克东

参　编　范海涛　梁丽丽　高　玲　黄汉龙

主　审　罗绍明

机械工业出版社

本书将引导学员系统地学习顾问式汽车销售流程。本书以培养学员的综合职业能力为核心，教材结构符合工作过程系统化原则，教材内容贴合企业实际，评价体系完整，实用性强。本书内容具体包括销售准备、客户开发与接待、汽车产品推介、试乘试驾、汽车保险与信贷、报价成交、新车递交和售后跟踪服务八个学习情境。在编写过程中，既充分考虑了企业的工作需求，又力争符合职业教育规律。

本书可作为职业院校汽车技术服务与营销类专业学生的教学用书，也可以作为汽车保险与理赔、汽车技术类专业的教材，还可以作为职业技能培训和其他从事相关专业人员的参考用书。

本书配有基础知识训练题参考答案和电子课件，选用本书的教师可以通过机械工业出版社教育服务网（www.cmpedu.com）获取。

图书在版编目（CIP）数据

汽车销售顾问/李晓琳主编．—北京：机械工业出版社，2017.3（2024.8 重印）

市场营销类课程改革创新教材

ISBN 978-7-111-56625-0

Ⅰ．①汽… Ⅱ．①李… Ⅲ．①汽车—销售—中等专业学校—教材　Ⅳ．①F766

中国版本图书馆 CIP 数据核字（2017）第 082402 号

机械工业出版社（北京市百万庄大街 22 号　邮政编码 100037）

策划编辑：宋　华　　责任编辑：宋　华　李俊慧　徐永杰

责任校对：马丽婷　　封面设计：路恩中

责任印制：郜　敏

北京富资园科技发展有限公司印刷

2024 年 8 月第 1 版第 6 次印刷

184mm×260mm・13 印张・312 千字

标准书号：ISBN 978-7-111-56625-0

定价：39.00 元

电话服务	网络服务
客服电话：010-88361066	机 工 官 网：www.cmpbook.com
010-88379833	机 工 官 博：weibo.com/cmp1952
010-68326294	金 书 网：www.golden-book.com
封底无防伪标均为盗版	机工育服务网：www.cmpedu.com

前 言

汽车产业是我国国民经济的重要支柱，产业链长、就业面广，在国民经济和社会发展中起着重要作用。我国的汽车产业正处于平稳高速发展时期，2009—2015年，我国汽车产销量已经连续7年位居全球第一，毫无疑问地成为世界汽车产销第一大国。

目前，中国汽车消费者的消费心理日益成熟，购买行为日趋理性。在这样的市场环境下，汽车销售企业要想提升汽车销售流程满意度，最重要的是标准的展厅销售流程和专业的销售人才，其中专业的销售人才是企业的核心竞争力。目前，我国汽车销售企业仍急需理论知识扎实、实践技能熟练以及具备综合职业能力的专业汽车销售人才。

本书将引导学员系统地学习顾问式汽车销售流程，实现学习内容与4S店汽车销售岗位实际需求的"零距离"对接，将企业现实存在的工作任务转换成符合教学要求的学习任务。

1. 教材结构设计符合工作过程系统化的教学原则。书中的学习任务均包含工作人员、工具、产品和行动等工作过程要素，同时每个学习任务以设定目标、收集工作信息、制订计划及实施、总结评价为工作思路，体现了工作过程的完整性。

2. 教材内容源自企业实际工作，真实性高。本书的编者是由具有丰富汽车营销教学经验的优秀教师和国内知名汽车企业的营销专家组成的，编写期间，编者通过多种方式进行企业实地调研，也多次与企业实践专家交流，校企共同合作完成了编写。

3. 教材表现形式新颖独特，实用性强。为了方便教师和学生使用，本书的学习任务均设有详尽的任务目标和任务情景，并按照汽车销售岗位的工作流程将各个学习任务有序地进行组合；在书中编写了大量话术并设有"小资料""销售小技巧"等栏目，丰富了教材内容，以提高学习效率。

4. 教材的评价体系完整。书中的学习任务均设置了明确的学习目标和评价标准，师生可以利用学习目标和评价标准指导学习并评价学习任务的完成程度。具体包括基础知识训练、学习任务评价表等，评价项目完整，要素清晰，既可以考核学生对专业知识的掌握程度，也可以检验学生职业能力的成长状况。

本书由广州市交通技师学院李晓琳担任主编，长安汽车销售有限公司颜克东和广州市交通技师学院陈镇亚担任副主编，由佛山市顺德区中等专业学校范海涛，广西交通技师学院梁丽丽，广州市交通技师学院高玲、黄汉龙参编。具体分工为：学习情境一的编写和电子课件模板设计制作由陈镇亚完成，学习情境二、五、八由李晓琳编写，学习情境三、六的编写及电子课件制作由范海涛完成，学习情境四的编写及电子课件制作由梁丽丽完成，学习情境七的编写及电子课件制作由高玲完成，学习情境二、五、八的电子课件制作由黄汉龙完成，最后由李晓琳、颜克东统稿。本书由广州市交通技师学院奥迪ACC项目学员林庆虹、吴家创提供人物照片。本书由汕头市鮀滨职业技术学校罗绍明担任主审。

在编写过程中，编者参考了大量的文献资料和行业网站信息，得到了多个品牌汽车销售企业的大力支持，在此一并表示诚挚的谢意！由于编者水平有限，书中不足之处在所难免，敬请读者批评指正。

编　者

目 录

前言

学习情境一　销售准备 / 1
　　任务 1　销售顾问自我准备 / 2
　　任务 2　展厅销售环境准备 / 10
　　任务 3　展示车辆准备 / 15
　　　　　　基础知识训练 / 19

学习情境二　客户开发与接待 / 23
　　任务 1　潜在客户开发 / 24
　　任务 2　电话接待 / 29
　　任务 3　展厅接待 / 35
　　任务 4　客户需求分析 / 43
　　　　　　基础知识训练 / 51

学习情境三　汽车产品推介 / 55
　　任务 1　汽车产品卖点归纳与推介 / 56
　　任务 2　竞争车型比较 / 63
　　任务 3　六方位绕车推介 / 72
　　　　　　基础知识训练 / 77

学习情境四　试乘试驾 / 81
　　任务 1　试乘试驾准备 / 82
　　任务 2　试乘试驾实施 / 87
　　　　　　基础知识训练 / 93

学习情境五　汽车保险与信贷 / 97
　　任务 1　汽车保险推介 / 98

　　　　任务 2　签订汽车保险合同 / 117
　　　　任务 3　汽车贷款 / 125
　　　　　　　基础知识训练 / 137

学习情境六　**报价成交 / 141**

　　　　任务 1　向客户报价 / 142
　　　　任务 2　价格异议处理 / 148
　　　　任务 3　签约成交 / 154
　　　　　　　基础知识训练 / 162

学习情境七　**新车递交 / 165**

　　　　任务 1　交车前准备 / 166
　　　　任务 2　向客户交车 / 173
　　　　　　　基础知识训练 / 180

学习情境八　**售后跟踪服务 / 183**

　　　　任务 1　售后跟踪 / 184
　　　　任务 2　处理客户投诉 / 188
　　　　　　　基础知识训练 / 192

附录　**课程整体开发与设计 / 195**

参考文献 / 199

学习情境一　销售准备

学习情境描述

　　王平毕业于某职业院校汽车营销专业，通过校园招聘会，成功应聘为某品牌汽车4S店销售实习生。上班第一天，销售经理就告诉王平，销售准备是所有销售工作的开端，准备工作是否充分，将直接影响到销售效果。王平接到的第一个工作任务就是明确汽车销售准备工作的内容，并能够按照要求规范进行各项销售准备工作。

学习目标

1. 清晰表述展厅销售准备工作的内容及具体要求。
2. 根据汽车销售准备工作的具体要求，完成各项准备工作。

学习任务

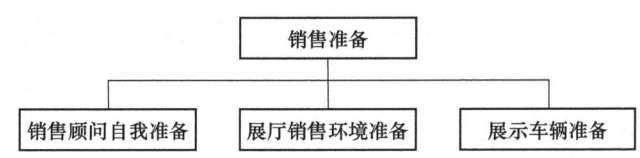

建议学时

　　12学时。

任务 1　销售顾问自我准备

任务目标

1．通过互联网、市场调研等各种渠道获取销售顾问自我准备工作的相关信息，并主动咨询信息的可靠性。
2．清晰表述汽车销售顾问的含义及工作内容。
3．清晰表述合格的销售顾问应具备怎样的职业形象。
4．按照标准规范整理个人外在形象。
5．与他人合作，进行有效沟通。
6．遵守一体化课室 6S 管理规定，逐步养成良好的工作习惯，增强责任感。

任务情景

1．情景描述

今天是王平去 4S 店报到实习的第一天，像往常一样，王平穿着 T 恤和牛仔裤，搭配了自己最喜欢的运动鞋，由于天气较热，路途也比较远，王平比预定时间晚到了半个小时。销售经理看到王平随意的衣着后，告诉王平要学习的东西有很多，首先是要对汽车销售顾问岗位有清晰的认知，然后在此基础上，开始塑造个人专业的职业形象。销售经理递给王平一份关于汽车销售顾问商务礼仪的培训资料，告诉王平抓紧时间学习，一周后将安排王平参加公司的商务礼仪测试。

2．任务要求

（1）请以小组合作方式，讨论分析王平第一天上班的表现，有哪些需要改进的地方。形成小组意见后，统一上交。

（2）请与组内搭档合作，轮流以销售顾问的身份完成商务礼仪测试。

任务知识

一、汽车销售顾问的含义

汽车销售顾问是指为客户提供顾问式的专业汽车消费咨询和导购服务的汽车销售服务人员。其工作范围就是从事汽车销售工作，立足点是客户的需求和利益。

二、汽车销售顾问的工作内容

汽车销售顾问所承担的工作内容范围较广，绝不仅局限于卖车给客户。主要的工作内容有开发新客户、保持展厅环境、精品销售以及办理上牌、保险、汽车信贷业务等，不同品牌汽车 4S 店的销售顾问，所承担的具体工作内容略有不同，见表 1-1。

表 1-1 不同公司汽车销售顾问的岗位职责

公司名称	岗位职责
A 公司	1. 负责车辆和精品的销售，完成主管下达的销售任务 2. 负责本人责任区内的卫生，注意保持展厅地面、展车、展台、资料架、车前牌、垃圾桶等的清洁 3. 负责开发新客户，并对客户进行有效管理 4. 按照交车流程进行交车，并认真介绍售后服务人员及售后相关责任人员 5. 负责对成交客户的跟踪回访，提高客户满意度 6. 负责按照策划专员的要求执行外展等促销活动 7. 全面贯彻落实公司销售服务中心的核心销售流程 8. 负责协助客户办理新车上牌、保险、装潢、分期付款等相关手续
B 公司	1. 当客户抵达展厅后，应立即按照公司接待客户的工作流程迎接客户 2. 对自己售后的车辆，必须参照公司的流程进行跟踪服务 3. 确保完成自己月度销售目标、毛利目标 4. 每天填写和妥善保存客户信息（来电和来店） 5. 准确及时填写所有销售文件 6. 确保展车在任何时候都一尘不染 7. 参加公司培训 8. 熟练掌握车辆的特点和性能：系列、规格、价格、车色、可选配件和装饰附件 9. 了解竞争对手的产品情况 10. 交车前 6 小时，确保待售车辆状态完好，且配置与合同规定的一致 11. 为车主介绍质量担保和维修保养条款

三、汽车销售顾问的职业形象

职业形象是指汽车销售顾问在客户面前树立的印象，具体包括外在形象、品德修养、综合能力和知识结构四大方面。它是通过汽车销售顾问的衣着打扮、言谈举止反映出的专业态度、技术和技能等。

（一）外在形象

汽车销售顾问在从事销售工作前，必须要做好自身形象的准备，良好的第一印象是成功销售的开端（表 1-2、表 1-3、表 1-4）。

表 1-2 汽车销售顾问仪容仪表规范要求

项目	内容要求	男性注意点	女性注意点
头发	头发要经常清洗，保持无头屑。不染发，不做奇异的发型	不允许留长发和光头，前发不附额、鬓角不遮耳、后发不及领	长短适中常修剪，长发应束起，做到头发不遮脸，刘海不挡眼。不要使用过于华丽的发饰
脸	清洁干净	胡子应刮干净	可化淡妆，给人清洁健康的感觉。粉底颜色近似颈部肤色
眼睛	无分泌物，无睡意，不充血，不斜视。如果佩戴眼镜，应端正、洁净、明亮，不允许在工作场所佩戴墨镜或有色眼镜		眼妆应使用黑色或深棕色

(续)

项目	内容要求	男性注意点	女性注意点
耳朵	经常清洗耳朵，做到内外干净		
鼻子	鼻孔干净，不流鼻涕，鼻毛应剪短不外露		
口腔	注意卫生，养成饭后漱口的习惯，保持口气清新，牙齿洁净	有吸烟嗜好者，应该注意牙齿的保健，不宜满嘴烟垢	不宜用深色或颜色艳丽的口红
身体	勤洗澡、勤换衣物，避免身体有异味；不要使用刺鼻的香水		
手	双手保持清洁，指甲修剪整齐，不应留长指甲。从手心看，指甲长度不超过1mm		指甲油颜色以浅色系为主，经常检查指甲油是否斑驳脱落
服装	在工作时间内，一律穿着工作装，佩戴工作牌，保持良好的形象	领口、袖口需扣好并无污渍 西服的上衣口袋不要插笔，不要将易鼓起的物品放在口袋内 领带应端正整洁，不歪不皱，长度以其下端不超过皮带扣的位置为标准	丝巾或领结保持平整，服装整洁无褶皱 随手检查并拈走衣服上的长发
鞋袜	黑色皮鞋，应随时保持鞋面洁净亮泽，无尘土和污物，鞋跟不宜过高、过厚和怪异，袜子必须干净无异味	穿着深色袜子	应穿丝袜，丝袜末端要高于裙子下摆，袜子不要褪落和脱丝

仪容仪表规范实例如图 1-1、图 1-2 所示。

图 1-1　仪容仪表规范（女性）

图 1-2　仪容仪表规范（男性）

 小资料　首因效应：第一印象决定你的成败

首因效应，是人与人第一次交往中给人留下的印象，在对方的头脑中形成并占据着主导地位的效应。首因效应也称为首次效应、优先效应或第一印象效应。

第一印象作用最强，持续的时间也长，比以后得到的信息对于事物整体印象产生的作用更强。

表1-3 汽车销售顾问仪态规范要求

项 目	内 容 要 求	男性注意点	女性注意点
站姿 （图1-3）	抬头、挺胸、立腰、收腹、直颈、下颚微收，两肩放平	两手自然下垂放于两侧，或双手相握叠放于腹前，或者相握于身后 双脚可以叉开，与肩同宽。面带自信，忌腿乱抖，东张西望	双手相握叠放于腹前，于腹部肚脐上下1cm左右，两腿并拢，双脚并拢或呈丁字步
坐姿 （图1-4）	从侧面入座，自信专业，身体挺直	挺直端正，不要前倾或后仰，双手自然放于膝上，两膝可适度分开比肩宽略窄 切忌跷二郎腿，随意脱鞋，把脚架起 入座后，上身和大腿、大腿和小腿均成直角，小腿垂直于地面	应先用手背将裙角向前收拢，坐于椅子的2/3处，上身挺直，双脚置中也可侧向一方，两手自然放于身前
走姿	抬头挺胸，步伐轻松矫健，目视前方，面带微笑	避免走八字步	背部挺直，双脚平行前进，避免做作。脚尖向正前方伸出，行走时双脚内侧踩在一条直线上
蹲姿 （图1-5）	右脚向后退半步后蹲下去，臀部朝下，以单腿支撑身体。脊背保持挺直。双膝一高一低	男士两腿间可留有适当的缝隙	女性双腿一定要并紧
微笑	非职业化的，热情真诚，真实亲切		
视线	目光尽量平视，两眼视线落在对方鼻间，偶尔可直视客户双眼。恳请对方时，注视对方双眼。目光大方、自然、不卑不亢，切忌斜视		
声音	语速适中，语调平缓，声音不高不低，尽量避免使用口头禅，应使用礼貌用语		
指引	食指以下靠拢，拇指向内侧轻轻弯曲，指示方向 按商务礼仪，引导者应在客人的左前方引路 上楼梯时，要让客户先上，下楼梯则应走在客户的前面，以免客户摔倒 在乘电梯时，要让客户先进电梯，出电梯时则应让客户先出电梯		

图1-3　站姿　　　　　　图1-4　坐姿　　　　　　图1-5　蹲姿和指引

表1-4 汽车销售顾问行为规范要求

项 目	内 容 要 求
介绍	自我介绍一般包括姓名、职务、单位、籍贯、经历、年龄、特长等内容，汽车销售顾问与客户初次见面，介绍前三项就足够了 为他人做介绍时的基本原则是：应坚持受到特别尊重的一方有了解对方优先权；先向身份高者介绍身份低者，先向年长者介绍年幼者，先向女士介绍男士等
握手	握手时要保持手的清洁、干燥和温暖，要注意先问候再握手 伸出右手时，手掌应呈垂直状态，五指并拢，与对方握手时间以2～5s为宜，切记不要用左手握手 与多人握手时，遵循上级在先、主人在先、长者在先、女性在先的原则，按顺序握手，不可越过其他人正在相握的手去同另外一个人握手 不能戴手套握手或握完手后擦手 握手时应眼光平视对方，不能左顾右盼 与男性握手，要张开拇指，两只手的虎口相对，适当用力（图1-6） 与女性握手，拇指向前，握住四只手指，不要用力（图1-7）

(续)

项 目	内 容 要 求
递收名片	原则上应当使用名片夹，名片可放在上衣口袋（但不可放在裤兜内），要保持名片清洁平整 递名片：双手食指弯曲与大拇指夹住名片左右两端恭敬地送到对方胸前。名片上的名字反向对自己，使对方接过就可以正读；递名片时，要自我介绍，并说寒暄语，如"请多关照""请多指教"等（图1-8） 收名片：用双手去接，接过名片要专心地看一遍，然后自然地阅读一遍，以示尊重或请教不认识的名字；不可漫不经心地往口袋里一塞了事，尤其是不能往裤兜内塞名片；若同时与几个人交换名片，又是初次见面，要暂时按对方席座顺序把名片放在桌上，等记住对方后，再将名片收好

图1-6　与男性握手　　　　图1-7　与女性握手　　　　图1-8　递名片

（二）品德修养

除了外在形象之外，汽车销售顾问的品德修养也是十分重要的，如图1-9所示。

图1-9　汽车销售顾问应具备的品德修养

以上七项是汽车销售顾问需要具备的品德修养，可以从下面三个案例中得到充分的体现。

案例1　选择广州本田的王平

王平是一名销售人员，他销售的是广州本田汽车。虽然他知道市场上有很多品牌的汽车比广州本田汽车的性能更好，而他也具备足够的经济实力，但是他仍然坚持选择广州本田的汽车，他说："你必须相信你的产品是同类产品中最好的。要是我销售广州本田的汽车，自己却开其他品牌的汽车，我的客户见了会怎样想呢？"

案例2　别克销售冠军的成功四法则

别克的年度销售冠军高君，曾经一天卖出13辆别克汽车，年销售量达到500辆，相当于地区年销量的2/3，创销售纪录。

销售冠军的秘诀很简单，就是一直保持努力拼搏的状态。他的销售技巧不是凭空想象出来的，而是不断学习和积累的结果。他有一个成功四法则，见表1-5。

表1-5　别克销售冠军的成功四法则

法　则	内　容
勤于补拙	一次成功的销售不是偶然的，而是多次勤奋努力的结果。不要抱怨天资不如别人，看到别人成果的同时，更要想一想别人在背后的辛勤付出
勤于沟通	人与人之间想要更加熟悉和信任，就要通过沟通来实现，所以培养与客户的感情要从勤于沟通开始
勤于整理	销售人员要经常整理客户资料，善于运用表格对客户资料进行分类归档、补充，更换以便掌握客户最新情况
勤于实践	没有人天生就具备超过常人的销售能力，任何销售技巧都必须通过实践才能够理解和运用

案例3　3名销售顾问与蜘蛛

雨后，一只蜘蛛艰难地向墙上已经支离破碎的网爬去，由于墙壁潮湿，它爬到一定的高度就会掉下来，它一次一次地向上爬，又一次一次地掉下来。

第一个销售人员看到了，叹了口气，自言自语道："我现在不正如这只蜘蛛吗？电话邀约总不成功，登门拜访屡遭拒绝，终日忙忙碌碌而无所得。"于是，他日渐消沉。

第二个销售人员看到了，他想："这只蜘蛛真愚蠢，为什么不从旁边干燥的地方绕一下爬上去呢？啊，对了，上次陈先生对我介绍的汽车产品没有兴趣，我怎么介绍他都坚持己见，我为什么不多邀请他来试乘试驾，让他亲自体验产品的好处与用途，这样他不就会买了吗？我可不能像这只愚蠢的蜘蛛一样，一直走一条老路啊。"于是，他变得聪明了。

第三个销售人员看到了，立刻被蜘蛛的精神所感动，他告诉自己："一只蜘蛛都能屡败屡战，反复尝试，何况我这样一个大活人，客户拒绝一次，我可以登门第二次，一个客户拒绝了，我可以找下一个客户，我还拥有无限可能啊。"于是，他变得坚强起来。

（三）综合能力

汽车是一种复杂而特殊的商品，由于结构复杂、技术含量高，因而对汽车销售顾问的综合能力提出了极高的要求（表1-6）。

表1-6　汽车销售顾问综合能力要求一览表

项　目	内　容　要　求
学习能力	学习能力是学习的方法和技巧，是所有能力的基础。汽车销售顾问必须具备学习能力
观察能力	观察能力是与客户交谈时对客户语言信号、身体语言、思考方式等的观察和准确判断，并对后续谈话内容与方式及时修正和改善
语言运用能力	流畅清晰，突出重点，表达恰当，语气委婉，语调柔和，通俗易懂，不夸大其词
记忆能力	牢记产品性能特点和客户资料
社交能力	社交能力即人际交往的能力。需拓宽知识面，掌握社交礼仪，主动与人交往
沟通能力	销售顾问的任何一项工作都离不开沟通，应掌握必要的沟通技巧，与客户进行有效沟通
应变能力	灵活冷静地处理突发事件
团队协作能力	对于汽车销售顾问来说，不仅要有个人能力，而且需要具有在不同的位置上各尽所能、与其他成员协调合作的能力

（四）知识结构

1. 汽车产品的专业知识

从客户的购买过程看，他们在决定购买前，一定会要求销售人员对他们感兴趣的产品做出详尽而准确的介绍，在这个阶段，客户只要对产品有一点不认可，就会让整个销售前功尽弃。所以，丰富的产品专业知识是汽车销售的核心问题。总体来说，汽车销售顾问应该具备的汽车产品专业知识包括以下几方面：

（1）所服务汽车品牌的创建历史、该品牌在业界的地位与价值、品牌的核心理念、发展战略等。

（2）汽车生产企业的情况：包括成立的时间及发展历史、企业文化、产品系列、新产品的研发情况、企业未来的发展目标等。

（3）汽车产品的结构与原理、各系列车型的配置对比，与其他竞争产品相比较的优势与卖点。

（4）应用于汽车的新技术、新概念。

（5）世界汽车工业发展的历史，包括著名汽车人物的生平及代表事件。

（6）汽车保养与维修常识。

（7）汽车驾驶常识。

2．客户与消费心理专业知识

汽车销售顾问直接面对的就是客户。客户是各种各样的，每一个人的成长经历、职业背景、性格特征各不相同，沟通必须因人而异，根据客户的特征做出针对性的处理。因此，销售顾问必须具备探寻客户心理需求的必要能力。

3．销售知识

汽车销售顾问需明确汽车销售流程以及各环节工作的规范要求，还需掌握相应的销售技巧，如报价技巧、处理客户异议技巧等，以提高销售效率。

4．汽车金融知识

汽车金融知识包括汽车保险、汽车信贷以及二手车置换等相关知识。

5．相关法律法规知识

汽车销售顾问还需了解国家关于汽车的相关法律法规，为个人的销售工作提供法律依据。如《合同法》《机动车注册管理规定》《中华人民共和国车船税法》以及《中华人民共和国道路交通安全法》等。

任务实施

步骤1　拟订任务实施计划

在正式实施"商务礼仪测试"工作任务之前，可以按照"任务知识"进行工作步骤要点梳理及话术设计，完成表1-7。

表1-7　"商务礼仪测试"工作步骤要点梳理及话术设计

工作步骤	步骤要点	话术设计
头发		—
脸		—
眼睛		—
耳朵		—
鼻子		—
口腔		—
身体		—

(续)

工作步骤	步骤要点	话术设计
手		—
服装		—
鞋袜		—
站姿		—
坐姿		—
走姿		—
蹲姿		—
微笑		—
视线		—
声音		
指引		
介绍		
握手		
递收名片		

步骤 2　按计划进行演练

拟订任务实施计划后，小组成员可以在组内寻找搭档，进行"商务礼仪测试"工作任务演练，并按照表 1-8 进行观察记录。

步骤 3　根据演练情况，修订任务计划

演练结束后，可以根据观察记录情况，对拟订的任务计划进行修订，以确保工作任务顺利完成。

步骤 4　正式完成任务

完成工作计划修订后，可按照修订后的任务计划正式完成"商务礼仪测试"任务，并按照表 1-8 进行评分。

表 1-8　销售顾问"商务礼仪测试"工作过程观察评价表

任务	观察及评价项目	步骤2观察记录		评价分值	步骤4评分		
		是	否		自评分（10%）	互评分（30%）	教师评分（60%）
商务礼仪测试	按照仪容仪表规范要求，做好头发、脸部、身体等各方面的清洁与整理			20 分			
	站姿、走姿、坐姿、蹲姿符合礼仪规范要求			15 分			
	微笑、视线、声音、指引符合礼仪规范要求			15 分			
	自我介绍以及介绍他人符合礼仪规范要求			10 分			
	与男性握手、与女性握手均符合礼仪规范要求			10 分			
	递名片与收名片均符合礼仪规范要求			10 分			
职业素养	能够灵活运用计划内容进行演练			10 分			
	仪态自然，大方；语言清晰，语速、语音、语调适中			5 分			
	工位整洁干净，文件摆放有序			5 分			
小　计							
总评分（自评分×10%+互评平均分×30%+教师评分×60%）							

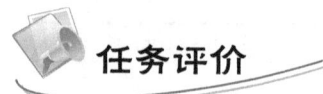

"销售顾问自我准备"任务评价见表1-9。

表1-9 学习任务1"销售顾问自我准备"评价表

评价方式	评价项目	是	否
个人评价	通过互联网、市场调研等各种渠道获取销售顾问自我准备的相关信息,并主动咨询信息的可靠性		
	清晰表述汽车销售顾问的含义及工作内容		
	清晰表述合格的销售顾问应具备怎样的职业形象		
	按照标准规范整理个人外在形象		
	与他人合作,进行有效沟通		
	遵守一体化课室6S管理规定,逐步养成良好的工作习惯,增强责任感		
小组评价	小组成员是否全部参与了计划的策划及实施过程		
	小组成员是否具有团队意识,是否相互配合		
	小组成员沟通是否顺畅		
	小组成员能否自主学习并尊重他人		
	小组成员能否客观地自评与互评		
	小组成员是否服从教师安排		
	小组成员是否遵守6S管理规定,保证学习环境的干净整洁		

本次学习任务为销售顾问的自我准备,如果客户准备明天来店,汽车销售顾问还应该做好哪些店面准备工作?

任务2 展厅销售环境准备

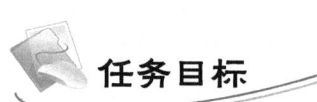

1. 通过互联网、市场调研等各种渠道获取展厅销售环境准备的相关信息,并主动咨询信息的可靠性。
2. 绘制简单的4S店展厅布局图。
3. 按照展厅销售环境管理的规范要求,布置展厅,为客户营造良好的购车环境。
4. 与他人合作,进行有效沟通。
5. 遵守一体化课室6S管理规定,逐步养成良好的工作习惯,增强责任感。

任务情景

1. 情景描述

通过认真准备，王平顺利通过了店里的商务礼仪测试。销售经理给王平的第二个任务是陪同他一起进行店面管理的 6S 检查，目的是让王平清楚展厅的布局以及环境布置的具体要求，以便王平开展后续的工作。

2. 任务要求

（1）请以小组合作方式收集资料，讨论分析 4S 店有哪些功能分区，并绘制简单的平面布局图。形成小组意见后，统一提交。

（2）请以小组合作方式收集资料，讨论分析在即将到来的圣诞节，应如何布置展厅。写出小组的布置方案，统一提交。

任务知识

4S 店展厅是汽车企业展示品牌形象的窗口，是向客户提供专业优质服务的重要场所，同时也是信息双向交流的平台。良好的展厅设施和轻松欢乐的购车环境能够让客户感受全方位的冲击，激发客户的购车意愿，并能超越客户期望值，为创造忠诚客户打下基础。汽车销售顾问的重要工作内容之一就是按照规范要求布置整理展厅环境。

一、汽车 4S 店展厅布局

汽车 4S 店展厅布局主要分为外部布局设施和内部布局设施两类。

（一）外部布局设施

汽车 4S 店外部布局设施主要包括店前广场设施、展厅正立面设施、户外展示区、试乘试驾区、停车区、交车区、商品车存储区等。各设施的功能见表 1-10。

表 1-10 汽车 4S 店展厅外部布局设施

外部设施	功能
店前广场设施	指示和吸引客户，并在客户进店前给客户留下良好的印象，一般会有标志性的广告牌、指路牌及广场绿化等
展厅正立面设施	展厅正立面设施是经销商形象的重点区域，代表汽车品牌市场整体形象，是区别其他经销商的主要特征。主要有店面落地玻璃、经销商牌匾等
户外展示区	户外展示区是用户选车的重要区域，一般位于展厅正前方，方便车辆移动和客户选购
试乘试驾区	试乘试驾区是客户动态体验汽车产品的重要场所
停车区	主要包括客户停车区和公司停车区两部分
交车区	交车区是给客户提供交车的场所，是给客户留下深刻印象的重要区域，同时希望通过交车过程影响其他未购车客户购车
商品车存储区	商品车存储区是存储商品展车的区域，要方便车辆移动和客户选购

（二）内部布局设施

汽车 4S 店内部布局设施包括客户接待区、产品展示区、业务洽谈区、客户休息区、员工办公区及其他区域。各区域的功能见表 1-11。

表 1-11　汽车 4S 店展厅内部布局设施

内部布局	功　能
客户接待区	客户接待区是客户进入展厅后的第一印象，直接影响客户对品牌及经销商的总体评价。主要有展厅入口、接待咨询台与背景墙 展厅入口平坦，便于车辆出入，接待咨询台必须备齐并整齐摆放产品及经销商宣传资料
产品展示区	产品展示区是客户选车、决策最为重要的区域，环境会影响客户所做的决定 主要包括车辆展示区、促销区
业务洽谈区	业务洽谈区是给客户洽谈创造相对封闭的环境 一般密封区域有小型的洽谈桌，能满足 4 人以上同时进行商务洽谈
客户休息区	客户休息区是为了让客户心情放松，为进一步建立相互信任创造良好条件的区域 主要有客户休息区、精品展示柜和企业文化墙
员工办公区	员工办公区是能体现汽车经销商企业风采，增加员工的归属感和自豪感，弘扬企业文化的场所 主要有办公室和会议室
其他区域	主要有儿童游乐区、洗手间、绿色植物和背景音乐 儿童游乐区是为了客户的儿童有个游乐休息的场所，便于客户能仔细看车和洽谈 洗手间应保证清洁无异味 绿色植物和背景音乐是为了烘托轻松舒适的购车气氛

二、汽车 4S 店展厅环境布置规范要求

汽车 4S 店展厅环境布置规范要求见表 1-12。

表 1-12　汽车 4S 店展厅环境布置规范要求

环境区域	具体项目	布置规范要求
展厅外部	店前广场设施	标志齐全，字体清晰、明亮，灯光良好 保持整洁、无褪色、无破损
	展厅正立面设施	玻璃幕墙整洁、无破损 除生产厂家要求的物料外，不允许张贴任何其他画面
	户外展示区	根据生产厂家模板划线定位、制作标志，保持整洁 车辆保持干净整洁，第一排车辆面向客户方向粘贴牌照
	试乘试驾区	根据生产厂家模板划线定位、制作标志，保持整洁，便于出入
	停车区	应划分为客户车停车场、内部车停车场、待修车停车场、竣工车停车场及库存车停车场 各区域有明显标志和停车线 客户车停车场要有专人负责管理，协调、指示客户车入车位，防止出现碰撞和剐蹭
展厅内部	客户接待区	门口铺设统一的迎宾地毯并保持整洁 在展厅进门的一侧设置销售接待前台，以方便客户咨询 在销售前台上应摆放前台标志牌，台面整洁，计算机、名片以及绿植摆放整齐

(续)

环境区域	具体项目	布置规范要求
展厅内部	产品展示区	对正在进行产品促销和广告的重点车型,将该车型摆在主展台位置 车型的选择要有跨度,要涵盖该店所代理的所有品牌汽车各个不同层次的产品 展示车辆的颜色、数量、款式及车况须符合现有与潜在客户的需求;还应定期调整车辆展示设计方案 产品展示方便客户观赏和动手参与 按照厂家的展车布置标准布置车辆
	业务洽谈区	为使客户看车方便,应在展车旁按照规定摆放休息桌椅 洽谈桌上可配有桌布,摆放鲜花、烟灰缸,并保证其清洁 客户离开洽谈桌后3min内,应完成对洽谈桌椅的重新摆放和清洁 洽谈区内桌椅摆放应保持一定距离,以避免两组客人同时进行洽谈时相互干扰
	客户休息区	沙发、茶几、绿植摆放整齐,保持干净整洁 设有杂志架,备有报纸杂志,及时更新 客户离开休息区后3min内,应完成对休息桌椅的重新摆放和清洁
	员工办公区	对于办公区域,不同的区域有清晰的标志牌 办公区内物品摆放整齐、墙面整洁、地面干净、并配有绿色植物
	儿童游乐区	儿童游乐区应设置在展厅内车辆不能达到的安全区域内 儿童游乐区内应选择柔软,鲜艳,环保的用具、玩具及装饰物 所有娱乐设施均以保证儿童安全为前提,娱乐设备无锐利棱角 儿童游乐区有儿童玩耍时,必须有专人负责陪护儿童
	洗手间	标志明显,易于识别 洗手盆保持干净,整洁,无杂物,无水迹 洗手盆上配有洗手液并及时补充 卫生间保持明亮、干净、整洁、无异味 纸抽内纸量充足并及时补充,垃圾桶及时清理
	绿色植物	展厅内盆景、盆栽应保持长青;以绿叶植物为主 靠近玻璃幕墙区域以低矮绿叶植物为主,不能影响展厅外客户视线 所有绿色植物必须有专人定期修剪和清洁,不得有枯萎和灰尘积压,尤其是花盆里不得有烟头等杂物
	背景音乐	在营业期间播放舒缓、优雅的背景音乐 在节假日、促销活动、成交时可播放活泼欢快的音乐

小资料 6S 管理

"6S管理"是由日本企业的"5S"管理扩展而来的,是现代工厂行之有效的现场管理理念和方法,其作用是:提高效率,保证质量,使工作环境整洁有序,预防为主,保证安全。

整理(SEIRI)——将工作场所的任何物品区分为有必要的和没有必要的两类,除了有必要的留下来,其他的都消除掉。目的:腾出空间,空间活用,防止误用,塑造清爽的工作场所。

整顿(SEITON)——把留下来必要用的物品依规定位置摆放,并放置整齐加以标识。目的:工作场所一目了然,消除寻找物品的时间,营造整整齐齐的工作环境,消除过多的积压物品。

清扫(SEISO)——将工作场所内看得见与看不见的地方清扫干净,保持工作场所干净、亮丽。目的:稳定品质,减少工业伤害。

清洁(SEIKETSU)——将整理、整顿、清扫进行到底,并且制度化,经常使环境处在美观的状态。目的:创造明朗现场,维持上面的3S成果。

素养(SHITSUKE)——每位成员养成良好的习惯,并遵守规则做事,培养积极主动的精神（也称习惯性）。目的：培养有好习惯、遵守规则的员工，营造团队精神。

安全（SECURITY）——重视成员安全教育，每时每刻都有安全第一观念，防患于未然。目的：建立起安全生产的环境，所有的工作应建立在安全的前提下。

任务实施

步骤1　拟订任务实施计划

在正式实施"展厅销售环境准备"工作任务之前，可以按照"任务知识"进行工作步骤要点梳理，完成表1-13。

表1-13　销售顾问"展厅销售环境准备"工作步骤要点梳理

工作步骤	步骤要点
外部布局设施	
内部布局设施	

步骤2　按计划进行演练

拟订任务实施计划后，小组成员可以开始着手进行工作任务，并按照表1-14进行观察记录。

步骤3　根据演练情况，修订任务计划

演练结束后，可以根据观察记录情况，对拟订的任务计划进行修订，以确保工作任务顺利完成。

步骤4　正式完成任务

完成工作计划修订后，可按照修订后的任务计划正式完成"展厅销售环境准备"工作任务，并按照表1-14进行评分。

表1-14　销售顾问"展厅销售环境准备"工作过程观察评价表

任务	观察及评价项目	步骤2 观察记录		评价分值	步骤4 评分		
		是	否		自评分（10%）	互评分（30%）	教师评分（60%）
展厅销售环境准备	绘制出的汽车4S店面布局图科学合理，能体现汽车品牌及经销商形象实力			15分			
	布局图上，展厅内部功能齐全，充分考虑客户及员工的实际需求			15分			
	4S店展厅布置方案内容完整，考虑周全			15分			
	4S店展厅布置方案能体现出圣诞节节日促销活动气氛			15分			
	小组代表思路清晰，讲解完整			10分			
	小组成员能够准确回答其他同学的提问			10分			
职业素养	能够灵活运用计划内容进行演练			10分			
	仪态自然，大方；语言清晰，语速、语音、语调适中			5分			
	工位整洁干净，文件摆放有序			5分			
小　计							
总评分（自评分×10%+互评平均分×30%+教师评分×60%）							

任务评价

"展厅销售环境准备"任务评价见表 1-15。

表 1-15　学习任务 2 "展厅销售环境准备"评价表

评价方式	评价项目	是	否
个人评价	通过互联网、市场调研等各种渠道获取展厅销售环境准备的相关信息,并主动咨询信息的可靠性		
	绘制简单的 4S 店展厅布局图		
	按照展厅销售环境管理的规范要求,布置展厅,为客户营造良好的购车环境		
	与他人合作,进行有效沟通		
	遵守一体化课室 6S 管理规定,逐步养成良好的工作习惯,增强责任感		
小组评价	小组成员是否全部参与了计划策划及实施过程		
	小组成员是否具有团队意识,是否相互配合		
	小组成员沟通是否顺畅		
	小组成员能否自主学习并尊重他人		
	小组成员能否客观地自评与互评		
	小组成员是否服从教师安排		
	小组成员是否遵守 6S 管理规定,保证学习环境的干净整洁		

任务拓展

销售经理认为如果有准确细致的环境检查表,将会更有利于展厅环境的管理。他将这个任务交给了王平,请王平设计一份"4S 店展厅环境检查项目表"。请你根据所学知识帮助王平完成这份环境检查表,并进行合理解释。

任务 3　展示车辆准备

任务目标

1. 通过互联网、市场调研等各种渠道获取展示车辆准备的相关信息,并主动咨询信息的可靠性。
2. 根据 4S 店实际情况,使用"展车检查表"对车辆完成准备工作。
3. 与他人合作,进行有效沟通。
4. 遵守一体化课室 6S 管理规定,逐步养成良好的工作习惯,增强责任感。

任务情景

1. 情景描述

在对展厅环境检查时,销售经理认为展厅车辆的摆放应该还有更好的方式,而且很多店里的展车都不太符合标准,因此他要求王平利用一周的时间,对展厅车辆重新进行布置。

2. 任务要求

请以销售顾问的身份,轮流对展厅的车辆进行布置和准备。

任务知识

客户来店,不仅希望有轻松愉快的购车环境,而且希望能见到比较心仪的车辆。科学合理的展车摆放,不仅是展厅的主要组成部分,而且能给客户带来视觉上的认可和肯定。良好的车辆展示有助于促进销售,达成交易。展示车辆准备主要有以下几个方面:

(1) 对正在进行产品促销和广告的重点车型,将该车型摆在主展台位置,并对车辆进行相应布置。

(2) 车型的选择要有跨度,要涵盖该店所代理的所有品牌汽车各个不同层次的产品。

(3) 展示车辆的颜色、数量、款式及车况须符合现有与潜在客户的需求,还应定期调整车辆展示设计方案。

(4) 产品展示方便客户观赏和动手参与。

(5) 按照厂家的展车布置标准布置车辆(表1-16、表1-17)。

表1-16 展车布置标准

项目	标准
整体展示	根据展厅规模标准和位置,停放规定数量的展车 展车要求用几种颜色搭配,效果会更好 将不同型号的车搭配展示 重点车型要放在合适醒目的位置,要突出展示旗舰车型
车辆外观	车身漆面、玻璃件、塑料件、镀铬件无尘、无手印、无污迹,保持光亮 车辆轮胎乌黑有光泽,挡泥板内侧无污迹,轮毂及饰盖光亮、无污迹,品牌标志与地面垂直向上 车身除去保护膜应无任何缺陷,天线、刮水器齐备;前后牌照框、车型标志齐全、整洁 相邻车辆位置应保证所有车门正常打开,展示说明牌保持统一、整洁,并配备与车型相符的技术参数及价格说明表
展车内部	车内可视区域应无尘、无污迹,车内无任何缺陷、无杂物,所有配件齐全 营业时间内车门及行李箱处于可打开状态 前排座椅靠背应调整到与B柱平行。驾驶员的座椅靠背与B柱重叠,前排乘客座椅较驾驶座适量前移。座椅的高度调整至最低的水平。头枕处于最低位置,后座中间安全带应卷曲放在座位中间;车内使用统一的脚垫,并保持平整清洁 方向盘长度调整至最短(最靠近仪表台)、高度调整到最高位置 前门车窗玻璃调至最高位置,保证电动车窗处于主驾完全可控状态;空调出风口应调至中间位置,制冷开关保持最冷状态;车顶阅读灯调至门灯状态;电动加热后视镜调至左后视镜控制状态,灯光总成及刮水器调至关闭状态;电台音量适中。每辆展车配好CD,如展车是多碟CD配置,则要至少配备2张CD。调准车内时钟 行李箱内配件齐全,无杂物;可视区域无尘、无污迹;说明书统一放在行李箱右上角
发动机舱	发动机舱内无任何缺陷,打开发动机舱盖后可视区域无污迹、无灰尘 保证蓄电池、电压及油箱油量满足正常静止状态下的试车要求

表 1-17　展车检查表

序号	项目	检查结果		
		合格	不合格	无此项目
1	展车车身无划痕			
2	车身漆面光滑、光亮，显示车辆的质感			
3	玻璃内外擦拭干净，无手纹或水痕			
4	车身外饰及各种装饰条、车型标志、标牌齐全无损			
5	车辆的轮胎、轮罩齐全无损			
6	轮胎气压正常			
7	车轮装饰盖上的企业品牌标志始终保持水平			
8	轮胎导水槽整洁、无异物			
9	轮胎打过轮胎蜡			
10	内轮弧清洁无灰尘			
11	展车有标明车型的统一规格的前后牌			
12	营业期间，前排车窗保持落下状态			
13	四门两盖开关灵活			
14	营业期间，展车所有车门均不上锁			
15	内饰、仪表板、门护板、顶棚、座椅、地毯清洁无破损			
16	座椅上无塑料罩，方向盘去除保护套			
17	方向盘上汽车品牌标志保持水平			
18	各项电气设施使用正常			
19	发动机舱保持干净、无灰尘			
20	驾驶座椅位于腿部空间最大位置和高度最低位置			
21	展车内设置了专用地毯或脚垫			
22	行李箱干净、整洁、无杂物			
23	展车内无任何杂物			
24	展车蓄电池均有电			
25	展车备件，如工具、备胎等完整无缺			
26	车内照明及各种灯光功能完好			
27	音响及扬声器工作正常			
28	空调系统工作正常			
29	后视镜调整有效			
30	因客户频繁接触所造成的指印、指纹，以及座椅、脚垫、车门槛，随时清洁干净			

任务实施

步骤 1　拟订任务实施计划

在正式实施"展示车辆准备"工作任务之前，可以按照"任务知识"进行工作步骤要点梳理，完成表1-18。

表1-18 "展示车辆准备"工作步骤要点梳理

工作步骤	步骤要点
整体展示	
车辆外观	
展车内部	
发动机舱	

步骤2　按计划进行演练

拟订任务实施计划后，小组成员可以在组内寻找搭档，进行"展示车辆准备"工作任务演练，并按照表1-19进行观察记录。

步骤3　根据演练情况，修订任务计划

演练结束后，可以根据观察记录情况，对拟订的任务计划进行修订，以确保工作任务顺利完成。

步骤4　正式完成任务

完成工作计划修订后，可按照修订后的任务计划正式完成"展示车辆准备"任务，并按照表1-19进行评分。

表1-19　销售顾问"展示车辆准备"工作过程观察评价表

任务	观察及评价项目	步骤2观察记录		步骤4评分			
		是	否	评价分值	自评分（10%）	互评分（30%）	教师评分（60%）
展示车辆准备	整体展示方面：能够根据展厅规模标准和位置，搭配展示各种车型，且重点突出			20分			
	车辆外观：说明牌及参数表齐全，整体车辆无手印、无污迹，保持光亮，车门能够正常打开			20分			
	展车内部：车内可视区域及行李箱应无尘、无污迹，车内无任何缺陷、无杂物，所有配件齐全；座椅、头枕、方向盘、玻璃、空调、灯光、音响等均调整到位			20分			
	发动机舱：无任何缺陷，打开发动机舱盖后可视区域无污迹、无灰尘。保证蓄电池、电压及油箱油量满足正常静止状态下的试车要求			20分			
职业素养	能够灵活运用计划内容进行演练			10分			
	仪态自然，大方；语言清晰，语速、语音、语调适中			5分			
	工位整洁干净，文件摆放有序			5分			
小　计							
总评分（自评分×10%+互评平均分×30%+教师评分×60%）							

任务评价

"展示车辆准备"任务评价见表1-20。

表1-20 学习任务3 "展示车辆准备"评价表

评价方式	评价项目	是	否
个人评价	通过互联网、市场调研等各种渠道获取展示车辆准备的相关信息,并主动咨询信息的可靠性		
	根据4S店实际情况,使用"展车检查表"对车辆完成准备工作		
	与他人合作,进行有效沟通		
	遵守一体化课室6S管理规定,逐步养成良好的工作习惯,增强责任感		
小组评价	小组成员是否全部参与了计划策划及实施过程		
	小组成员是否具有团队意识,是否相互配合		
	小组成员沟通是否顺畅		
	小组成员能否自主学习并尊重他人		
	小组成员能否客观地自评与互评		
	小组成员是否服从教师安排		
	小组成员是否遵守6S管理规定,保证学习环境的干净整洁		

任务拓展

1. 请思考,当汽车展厅位置有限时,展车应该怎样摆放才能既节省空间,又能达到宣传效果。

2. 当销售顾问做好各项准备工作后,就要开始面对客户提供销售服务了,请查询资料,整理出销售服务的工作流程。

基础知识训练

一、填空题

1. 汽车销售顾问是指为客户提供_____的专业汽车消费咨询和导购服务的汽车销售服务人员,工作范围就是从事汽车销售工作,立足点是以客户的_____,向客户提供符合客户需求和利益的产品销售服务。

2. 汽车销售顾问的职业形象是通过汽车销售顾问的_____、_____反映出专业态度、技术和技能等。

3. 男性销售顾问入座后,身体要挺直端正,不要_____,双手自然放于_____,两膝可适度分开比肩宽略窄。

4. 与多人握手时,遵循_____在先、_____在先、_____在先、_____在先的原则,按顺序握手,不可越过其他人正在相握的手去同另外一个人握手。

5. 汽车 4S 店外部布局设施主要包括_____、展厅正立面设施、户外展示区、停车区、公司停车区、交车区、_____等。

6. 汽车 4S 店内部布局设施包括客户接待区、_____、_____、客户休息区、员工办公区及其他区域。

7. 对正在进行产品促销和广告的重点车型，将该车型摆在_____位置，并对车辆进行相应布置。

8. 汽车 4S 店展车内可视区域应_____，车内无任何缺陷、无杂物，所有配件齐全；营业时间内车门及行李箱处于_____状态。

二、不定项选择题（每题有一个或多个答案正确）

1. 与客户沟通时眼睛应注视（　　）。
   A. 对方的嘴　　　　　　　　B. 对方的额头
   C. 对方的眼睛　　　　　　　D. 对方的鼻子

2. 入座时应坐椅子的（　　）。
   A. 三分之一　　　　　　　　B. 三分之二
   C. 四分之一　　　　　　　　D. 二分之一

3. 在引导客户时，应走在客户的（　　）。
   A. 左前方　　　　　　　　　B. 右前方
   C. 左后方　　　　　　　　　D. 右后方

4. 关于员工仪容准备，下列描述正确的有（　　）。
   A. 男员工无胡须，短指甲
   B. 男员工裤线笔直，腰带在肚脐以上，不带个性夸张的皮带扣
   C. 可以佩戴首饰和与工作无关的胸花
   D. 女员工可以化淡妆，不带夸张首饰，不留长指甲，指甲保持清洁

5. 与客户沟通时要有良好的礼仪，下列描述正确的有（　　）。
   A. 不能叉着手　　　　　　　B. 脚或者背不能对着客户
   C. 不能依靠展车　　　　　　D. 要面带微笑

6. 关于汽车 4S 店内部区域，下列说法正确的是（　　）。
   A. 展厅的入口要平坦，便于车辆出入，接待咨询台必须备齐相关宣传介绍资料
   B. 车辆展示区是客户选车、决策最为重要的区域，环境会影响客户所做的决定
   C. 洽谈区应当宽敞明亮，可以有多位洽谈桌，便于多个客户同时洽谈业务
   D. 展厅内为了节省空间可以不设置儿童游乐区和洗手间

7. 以下属于汽车展车摆放要求的是（　　）。
   A. 展车车身无划痕，车身漆面光滑、光亮，显示车辆的质感
   B. 内饰、仪表板、门护板、顶棚、座椅、地毯清洁无破损
   C. 方向盘上汽车品牌标志保持水平
   D. 发动机舱保持干净、无灰尘

三、判断题

1. 销售顾问只需要穿好得体的职业装，具有良好的行为礼仪，保持良好的职业性微笑就可以了。　　　　　　　　　　　　　　　　　　　　　　　　　　　（　　）

2. 销售顾问应保持面部清洁，女性销售顾问可适当化淡妆，粉底颜色应近似颈部肤色。
（ ）
3. 销售顾问和客户在乘电梯时，要让客户先进电梯，出电梯时则应让销售顾问先出。
（ ）
4. 销售顾问只需要掌握汽车结构和销售技巧即可，其他知识并不重要。（ ）
5. 汽车4S店外部布局设施主要包括店前广场设施、展厅正立面设施、户外展示区、客户接待区、停车区、商品车存储区、洗手间等。（ ）
6. 客户接待区是客户进入展厅后的第一印象，直接影响客户对品牌及经销商的总体评价。主要有展厅入口、接待咨询台与背景墙。（ ）
7. 展车摆放是展厅的一个主要部分，也能给客户带来视觉上的认可和肯定。良好的车辆展示有助于促进客户达成交易。（ ）
8. 汽车展车的空调出风口应调至中间位置，制冷开关保持最冷状态，以便输出凉爽的空气。（ ）

四、简答题

1. 汽车销售人员的站姿、坐姿、走姿要求是什么？
2. 简述汽车展厅内部业务洽谈区的摆放要求。
3. 简述汽车展车的外观布置标准。

五、情景模拟题

情景1　模拟汽车销售礼仪培训

☐ 实战情景

王平入职汽车4S店已经有一段时间了，对汽车销售工作越来越熟练，经常受到客户的夸奖。经理准备让王平介绍一下自己是如何做好销售顾问礼仪准备的。

【问题】如果你是王平，你将如何向其他同事分享自己的礼仪准备心得经验？

☐ 情景分析及应对

_____

_____

情景2　设计汽车4S店平面布局图

☐ 实战情景

国庆前夕，某汽车4S店即将开业，经理想请王平帮忙设计汽车4S店内部布局，以最大限度吸引客户，并能给出解释。

【问题】如果你是王平，你会怎样布置该汽车4S店，并能给出解释。

☐ 情景分析及应对

_____

_____

学习情境二　客户开发与接待

学习情境描述

在熟悉了销售准备工作之后，王平开始学习具体的销售流程。销售经理告诉王平，销售是一种带有主动性的行为，销售顾问应该主动地去寻找客户，不能总是希望客户自行上门。客户开发是销售过程的第一个步骤，只有先找到客户来源，才能有销售流程的下一步。王平需要尽快学会潜在客户开发的方法和途径，并学会对潜在客户进行判别。同时，学习客户接待的流程及规范要求，熟练开展电话接待和展厅接待工作，并在接待过程中有效发掘客户需求。

学习目标

1. 熟练运用常见的潜在客户开发方法，进行有效客户开发。
2. 对潜在客户进行判别。
3. 熟练运用电话接待流程及工作要求，完成电话接待任务。
4. 熟练运用展厅接待流程及工作要求，完成展厅接待任务。
5. 有效发掘客户需求。

学习任务

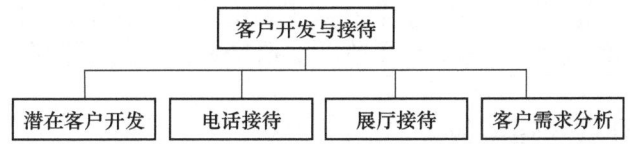

建议学时

24 学时。

任务 1　潜在客户开发

任务目标

1. 通过互联网、市场调研等各种渠道获取潜在客户开发工作的相关信息，并主动咨询信息的可靠性。
2. 清晰表述潜在客户的含义及开发潜在客户的渠道和方式。
3. 熟练运用常见的潜在客户开发方法，进行有效客户开发。
4. 对潜在客户进行判别。
5. 与他人合作，进行有效沟通。
6. 遵守一体化课室 6S 管理规定，逐步养成良好的工作习惯，增强责任感。

任务情景

1. 情景描述

某日，王平正在整理展厅环境，等待客户上门。销售经理走过来对他说，应该主动去寻找客户。王平很纳闷，到底应该去哪里寻找客户呢？而且即使找到了一些客户，又怎样判断他们是否是潜在客户呢？王平觉得无从着手……

2. 任务要求

（1）请以小组合作方式，讨论分析王平应如何开展工作。形成小组意见后，统一提交。
（2）请与组内搭档合作，轮流以销售顾问的身份，运用各种具体方法进行潜在客户开发。

任务知识

一、潜在客户含义

潜在客户是指对某类产品（或服务）存在购买需要且具备购买能力的待开发客户，这类客户与企业存在着销售合作机会。经过企业及销售人员的努力，可以把潜在客户转变为现实客户。

二、潜在客户开发渠道与方式

（一）潜在客户开发渠道

1. 老客户推荐

在汽车销售工作中，经销商如果能以优质的产品、周到的服务提升客户的满意度，客户就会对其产生信赖感,并有望提升为忠诚客户。在此前提下,汽车销售顾问可以通过老客户的转介绍,寻找出更多的新客户。有数据显示,在寻找新客户的各种渠道中,由老客户推荐而取得成功的占38%。

因此,汽车销售企业应当让老客户成为品牌的赞美者和传播者。可采用多种方式提升老客户的满意度和忠诚度。

(1) 为老客户提供节日、生日祝福和售后服务优惠活动。

(2) 新车上市邀请老客户参加试驾活动。

(3) 对介绍新客户来店购车的老客户给予一定的奖励。

(4) 老客户来店重复购车时,可享受一定优惠。

(5) 建立老客户俱乐部,组织老客户的各种联谊活动、自驾游等。

2. 其他开发渠道

(1) 展厅。汽车销售顾问可查询展厅电话呼入、展厅接待记录、售后维修记录等获取客户信息,还可在为购车用户交车时主动询问是否还有朋友有意愿购车等。

(2) 名录。汽车销售顾问可查询国家和地区的相关统计资料、企业名录和黄页以及加油站、保险公司、社团、协会等资料来获取客户信息。

(3) 介绍与协作。汽车销售顾问还可以通过与其他汽车品牌、与公司往来的供应商、二手车行、维修店、车管所、驾校、媒体、房地产、通信等其他行业的相关人员协作,分享客户资源。

(二) 潜在客户开发方式

(1) 广告宣传。通过电视、报纸、广播等媒体向客户传达销售和服务信息。

(2) 直邮活动。直邮经销商彩页和产品介绍至客户,邀请客户至展厅看车。

(3) 巡展和流动服务。通过展厅外的车辆展示和维修服务活动让更多的客户了解品牌和经销商,在需要购买汽车的时候能够想到至展厅选购车型。

(4) 电话和短信营销。可通过主动拨打黄页电话和短信群发等推销方式扩大经销商的影响范围,引导客户至展厅看车。

(5) 扫楼活动。有目标地选定商业楼群和居民社区,广泛散发企业宣传资料。

(6) 大客户专人跟进。针对辖区内企业及政府、国营单位应进行车改信息收集及定期专人拜访。

(7) 展厅促销。主要指在节假日或者选定的时间,在经销商展厅举办的各种小型促销活动,通过展厅吸引、有针对性地主动邀约的方式使更多的客户来到展厅。

(8) 试乘试驾。主要指在对客户进行分析后,对特定的客户群体发出邀请,在选定的地点进行"体验式"销售,让更多的客户亲自感受产品的优越性能,从而建立良好的口碑宣传。

(9) 新车上市。经过事先活动策划,邀请老客户、对产品关注的客户参加新车上市活动,提高集客量,从而增加其他车种的销售。

三、潜在客户开发的具体方法

（一）发短信

短信的特点是既能及时有效传递信息，又不需要潜在客户立即做出回答，对潜在客户打扰很小，比较符合中国消费者的心理特点。销售顾问可以采用短信提醒、短信通知、短信问候等多种方式传递信息，但要注意适度，不要太过频繁，使客户感觉厌烦。同时要在短信中注明个人信息，以免引起客户误会或者混淆。

【参考话术 2-1】"时间过得真快，转眼又到周末了，放下繁忙的工作，停下匆忙的脚步，这个美丽周末，祝您过得开开心心。××4S 店销售顾问王平。"

（二）打电话

电话可以获取更多的客户信息，销售顾问在与客户电话沟通时，要注意措辞和时间。在打电话前，销售顾问应提前做好准备，想好与客户沟通的过程，避免无效电话。

（三）使用网络工具

信息时代，与客户沟通的方式越来越多样化。销售顾问可以充分利用网络工具，如 QQ、微博、微信、E-mail 等，与客户保持密切联系。网络工具包含的信息量大，内容丰富，同时形式多种多样，可以帮助销售顾问在不经意之间建立与客户的良好沟通氛围。

（四）发传真

当客户需要产品的详细资料时，传真也是一种非常好的与客户沟通的方法。销售顾问可以利用给客户传真产品资料的机会，向客户传递更多有关品牌、经销商方面的信息，如展厅路线图等。需要注意的是，传真发出之后，销售顾问要及时与客户确认是否收到以及是否清晰、完整，既可以增加交流的机会，也可以向客户展示个人专业负责的工作态度，加深客户印象。

（五）寄送邮件

销售顾问还可以实物为代表跟客户进行接触。邮递的内容可包括产品资料、车型目录、车辆参数、车主杂志、媒体软文摘编以及贺卡、小礼物、活动邀请函、参观券、促销券等。这种方式常常可以给客户带来意想不到的惊喜，让客户印象深刻。

（六）上门拜访

上门拜访也是一种行之有效的客户开发方式，但是成本较高。销售顾问在上门拜访时要注意拜访时间的选择，注重基本拜访礼节和自身形象。

（七）展厅邀约

销售顾问可以采用新车上市、客户需要的颜色到货、新配置上市、邀约试乘试驾、店面促销等多种理由邀约客户前往展厅，一旦客户愿意前往展厅，表明他本人对车辆已经有较强的购买意愿，是成功销售的良好开端。

四、潜在客户的判别

通过客户开发后，销售顾问可以获得一些客户的信息资料，但这些客户有相当一部分不是真正的潜在客户，销售顾问需要对潜在客户进行判别，以提高销售工作的效率。具体判别方式可参考"MAN"法则（表2-1）。

表2-1 判别潜在客户的"MAN"法则

序号	原则	具体内容
1	购买能力 M（Money）	客户是否具有消费汽车产品的经济能力，也就是有没有购买力或筹措资金的能力。M（有），m（无）
2	决定权 A（Authority）	客户是否有购买决定权，在成功的销售过程中，能否准确地了解真正的购买决策人是销售的关键。A（有），a（无）
3	需求 N（Need）	客户是否有产品需求。N（有），n（无）

销售顾问在运用"MAN"法则进行潜在客户判别时，会碰到客户缺乏其中某一条件的情况，销售顾问应该根据具体情况采取具体对策（表2-2）。

表2-2 "MAN"法则的不同情况分析

序号	不同情况	具体分析
1	M+A+N	有希望的客户，理想的销售对象
2	M+A+n	可以接触，运用熟练的销售技巧，有成功的希望
3	M+a+N	可以接触，但要设法找到有决定权的人
4	m+A+N	可以接触，但要特别注意其财务状况
5	m+a+N	可以接触，应长期跟进，使之具备另外两个条件
6	m+A+n	可以接触，应长期跟进，使之具备另外两个条件
7	M+a+n	可以接触，应长期跟进，使之具备另外两个条件
8	m+a+n	非有效客户，停止接触

任务实施

步骤1 拟订任务实施计划

在正式实施"潜在客户开发"工作前，可以按照"任务知识"中的相关内容进行工作步骤要点梳理及话术设计，完成表2-3。

表2-3 "潜在客户开发"工作步骤要点梳理及话术设计

工作方法	方法要点	话术设计
发短信		
打电话		
使用网络工具		
发传真		
寄送邮件		
上门拜访		
展厅邀约		

步骤 2　按计划进行演练

拟订任务实施计划后，小组成员可以在组内寻找搭档，进行"潜在客户开发"工作任务演练，并按照表 2-4 进行观察记录。

步骤 3　根据演练情况，修订任务计划

演练结束后，可以根据观察记录情况，对拟订的任务计划进行修订，以确保工作任务顺利完成。

步骤 4　正式完成潜在客户开发任务

完成工作计划修订后，可按照修订后的任务计划正式完成"潜在客户开发"任务，并按照表 2-4 进行评分。

表 2-4　销售顾问"潜在客户开发"工作过程观察评价表

任务	观察及评价项目	步骤2观察记录		评价分值	步骤4评分		
		是	否		自评分（10%）	互评分（30%）	教师评分（60%）
潜在客户开发	短信编写用语合理，思路清晰，符合实际情况			10分			
	致电客户符合电话礼仪，能简明扼要地说明来电意图			10分			
	灵活使用各种网络工具与客户保持联系			10分			
	传真资料准备齐全，并能够与客户进行确认			10分			
	寄送资料准备齐全，并能够给客户惊喜			10分			
	上门拜访礼仪得体，能创造良好的沟通氛围			15分			
	熟练运用各种理由邀约客户到展厅看车			15分			
职业素养	灵活运用计划内容进行演练			10分			
	仪态自然，大方；语言清晰，语速、语音、语调适中			5分			
	工位整洁干净，文件摆放有序			5分			
小　计							
总评分（自评分×10%+互评平均分×30%+教师评分×60%）							

任务评价

"潜在客户开发"任务评价见表 2-5。

表 2-5　学习任务 1"潜在客户开发"评价表

评价方式	评价项目	是	否
个人评价	通过互联网、市场调研等各种渠道获取潜在客户开发工作的相关信息，并主动咨询信息的可靠性		
	清晰表述潜在客户的含义及开发潜在客户的渠道和方式		
	熟练运用常见的潜在客户开发方法，进行有效客户开发		
	对潜在客户进行判别		
	与他人合作，进行有效沟通		
	遵守一体化课室 6S 管理规定，逐步养成良好的工作习惯，增强责任感		
小组评价	小组成员是否全部参与了计划策划及实施过程		
	小组成员是否具有团队意识，是否相互配合		
	小组成员沟通是否顺畅		
	小组成员能否自主学习并尊重他人		
	小组成员能否客观地自评与互评		
	小组成员是否服从教师安排		
	小组成员是否遵守 6S 管理规定，保证学习环境的干净整洁		

1. 在本次学习任务中，销售顾问如果成功预约并上门拜访客户，有哪些注意事项？
2. 如果汽车销售顾问通过各种渠道成功邀约到客户到店，应如何对客户进行接待？

任务2　电话接待

1. 通过互联网、市场调研等各种渠道获取电话接待工作的相关信息，并主动咨询信息的可靠性。
2. 清晰表述电话接待的工作流程及工作规范要求。
3. 熟练运用电话接待流程及规范要求，完成电话接待任务。
4. 完成意向客户管理工作，填写"来店（电）客户登记表"。
5. 与他人合作，进行有效沟通。
6. 遵守一体化课室6S管理规定，逐步养成良好的工作习惯，增强责任感。

 任务情景

1. 情景描述

掌握了电话接待的工作流程及规范要求后，王平开始独立完成电话接待工作。一天，某位客户在看到某款车型的广告后，对这款车型产生了兴趣，于是打来电话，咨询车辆配置、价格等相关事宜。

电话铃声响起时，王平正在前台整理客户资料，铃声响了很久，王平终于拿起了电话，手上仍然拿着刚才的客户资料……

王平："喂，您好！请问有什么事吗？"

客户："你好！我想咨询一下，你们新上市的X36车型多少钱啊？"

王平："哦，这款车目前的售价是15.68～19.98万元。"

客户："为什么价钱不一样呢？"

王平："因为配置不同。"

客户："有优惠吗？"

王平："暂时没有呢！"

客户："哦，好的，谢谢了。"

王平："不客气，再见！"

（王平放下电话，继续整理资料。）

2．任务要求

（1）请以小组合作方式，讨论分析王平在进行此次电话接待时，有哪些需要改进的地方。形成小组意见后，统一提交。

（2）请与组内搭档合作，轮流以销售顾问的身份完成此次电话接待任务。

任务知识

一、电话接待含义

电话接待是指销售顾问通过电话渠道接待进行咨询的客户，汽车销售顾问通过热情解答及合理的接待技巧，吸引客户到店咨询，从而实现销售的目的。

二、电话接待工作流程

电话接待工作流程如图 2-1 所示。

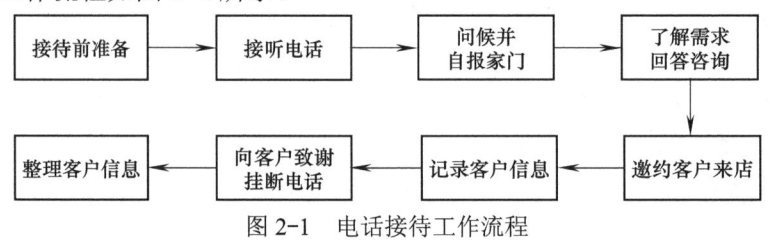

图 2-1　电话接待工作流程

三、电话接待工作规范要求及参考话术

（一）接待前准备

1．工具准备

汽车销售顾问需要准备好纸笔，以便随时记录客户信息。

2．个人准备

（1）个人情绪。汽车销售顾问在接听电话前要调整好个人情绪，将心中的烦恼和不愉快放在一边，确保在接听电话时态度亲切，声调柔和，语速适中，吐字清晰。

（2）面部表情。电话的声音可以将销售顾问的表情传递给客户，所以汽车销售顾问要适时调整自己的面部表情，在接听电话时保持微笑。

（3）接听姿势。汽车销售顾问在接听电话前要端正坐姿，懒散的坐姿带给客户的声音也是无精打采的，而端正积极的坐姿带给客户的声音必定会是柔和悦耳、充满活力的。

（4）专业知识。汽车销售顾问要具备扎实的汽车专业知识，对店内的车辆产品信息了如指掌，清晰价格及促销政策，这样才能准确回答客户的相关咨询。

（二）接听电话

汽车销售顾问必须在电话铃响三声内接听电话。如果超过三声，在自报家门后要向客户表示歉意。

（三）问候及自报家门

汽车销售顾问在接听电话时应先主动问候，并自报家门。切忌以"喂、谁呀、找谁"等作为第一声问候。

【参考话术 2-2】"您好，这里是××汽车 4S 店，我是销售顾问×××，很高兴为您服务！"

【参考话术 2-3】"早上好，××汽车 4S 店×××为您服务，刚才正忙让您久等了，真是抱歉！"

（四）了解需求，回答咨询

1. 了解需求

汽车销售顾问在接听电话时要专心听对方讲话，理解客户的来电需求，并对客户的谈话做必要的重复和附和，表示积极的反馈，鼓励客户说出具体需求。

【参考话术 2-4】"请问您需要什么帮助？"

【参考话术 2-5】"是的""好的""清楚""明白"等回答。

2. 回答咨询

（1）客户来电找人。

1）如果客户要找的人在电话附近，首先提示客户稍等，然后迅速将电话转给客户要找的人，注意要用手遮住话筒，再请其来接听电话。或者告诉客户电话将被转接。

【参考话术 2-6】"好的，请稍等。"

【参考话术 2-7】"好的，我马上帮您转接电话，请稍等。"

2）如果客户要找的人不在店内，应向客户表示歉意并询问客户怎样回电。

【参考话术 2-8】"对不起，×××现在不在店内，请您留下联系方式，我会让他回电话给您。"

3）如果客户要找的人暂时不方便接听电话，应向客户表示歉意并请客户稍等，如果等待较长时间，也可以先请客户挂掉电话，然后再由被叫人员给客户回电。

【参考话术 2-9】"不好意思，×××正在接听电话，请您稍等一下好吗？"

【参考话术 2-10】"不好意思，×××正在接听电话，方便留下您的联系方式吗？我会通知他回电话给您。"

（2）客户咨询车价、配置等问题。

1）汽车销售顾问在回答相关问题前，应首先询问客户信息。

【参考话术 2-11】"请问先生/女士怎样称呼呢？"

【参考话术 2-12】"请问先生/女生贵姓？"

在了解客户相关信息后，在后面的通话过程中，销售顾问要尊称客户，如"王先生""王女士"等。

2）汽车销售顾问要流利、专业地回答客户的各项咨询。尽量使用统一的销售口径回答客户提出的问题，如汽车价格建议按照汽车生产企业的官方指导价统一报价，不要轻易地泄露店内的价格底线。

【参考话术 2-13】"×先生/女士，您咨询的这款车由于配置不同，价格也有所不同，整体价格区间为 15.98～18.98 万元。"

（五）邀约客户来店

邀约客户来店是电话接待流程中非常重要的一个工作步骤，如果能够成功邀约客户到 4S 店来参观、看车或者试乘试驾，就会为后面的销售工作争取到一个良好的开端。汽车销售顾问应主动邀请客户来店参观，并尽可能地留下客户资料，但不要强求。

【参考话术 2-14】"×先生/女士，真抱歉，您的这个问题我需要咨询销售经理，请您留下电话，我询问经理后马上回电话给您。"

【参考话术 2-15】"×先生/女士，为了让您能有更加全面、详细的了解，不如您到我们店里来看一下实际的样车，这样您的印象会更加直观，您看这个周六或者周日哪一天比较方便呢？"

【参考话术 2-16】"×先生/女士，看来您对汽车很了解，刚好我们最近会有这款车的试乘试驾活动，这样吧，您留个电话给我，到时我会邀请您来参加。"

【参考话术 2-17】"×先生/女士，看来您对这款车很感兴趣，刚好我们最近会有这款车的促销活动，您可以留个电话给我，到时我会及时通知您。"

 销售小技巧

1. 在电话接待过程中，可以适当保留信息，以便争取到下一次联系客户的机会。
2. 与客户预约时间时，给客户可以选择的时间，这比问客户"您什么时间方便呢"更加有效。
3. 要学会不露痕迹地赞美客户。

（六）记录客户信息

在接听电话时，汽车销售顾问应随时对一些重要的信息进行记录。对于一些关键的问题，要重复确认，保证信息的准确性。

【参考话术 2-18】"×先生/女士，我重复一下您的联系方式，您的电话是××××××，是吗？"

【参考话术 2-19】"×先生/女士，我和您确认一下，您是打算明天 10 点钟左右来店里试车，对吗？"

（七）向客户致谢，挂断电话

汽车销售顾问在结束通话前，要先询问客户是否还有其他需求，确定客户没有需要咨询的问题后，要感谢客户来电，并再次告知客户 4S 店的名称以及自己的姓名，以便加深印象。最后等待对方挂断电话后，再轻轻放下电话。

【参考话术 2-20】"×先生/女士，请问您还有其他需要了解的信息吗？"

【参考话术 2-21】"×先生/女士，谢谢您的来电，我是××4S 店的销售顾问×××，非常期待您能光临本店，以便我为您提供更好的服务！"

（八）整理客户信息

结束通话后，汽车销售顾问应及时填写"来店（电）客户登记表"（表2-6），详细记录客户的信息，为日后的意向客户跟踪做好准备。

表2-6 来店（电）客户登记表

填表日期：   年   月   日

序号	客户姓名	联系电话	地址	接触方式		首次	再次	意向车型	意向级别	进店—离店时间 来电—结束时间	预约来店时间	接待情况备注	信息来源	销售顾问
				来店	来电									

信息来源：1．报纸　　　2．电视　　　3．网络　　　4．广播　　　5．杂志
　　　　　6．户外广告　7．车展　　　8．他人介绍　9．宣传单　　10．其他

意向级别：A级（7日内订车可能）　　　B级（15日内订车可能）
　　　　　C级（30日内订车可能）　　　D级（无明确期限，2～3个月内订车可能）

销售经理（核验）：

任务实施

步骤1　拟订任务实施计划

在正式实施"电话接待"工作前，可以按照"任务知识"中的相关内容进行工作步骤要点梳理及话术设计，完成表2-7。

表2-7　"电话接待"工作步骤要点梳理及话术设计

工 作 步 骤	步 骤 要 点	话 术 设 计
接待前准备		—
接听电话		
问候并自报家门		
了解需求 回答咨询		
邀约客户来店		
记录客户信息		
向客户致谢 挂断电话		
整理客户信息		—

步骤2　按计划进行演练

拟订任务实施计划后，小组成员可以在组内寻找搭档，进行接待前演练，并按照表2-8进行观察记录。

步骤3　根据演练情况，修订任务计划

演练结束后，可以根据观察记录情况，对拟订的任务计划进行修订，以确保工作任务顺利完成。

步骤4　正式完成任务

完成工作计划修订后，可按照修订后的任务计划正式完成"电话接待"任务，并按照表2-8进行评分。

表2-8　销售顾问"电话接待"工作过程观察评价表

任务	观察及评价项目	步骤2 观察记录		评价分值	步骤4 评分		
		是	否		自评分（10%）	互评分（30%）	教师评分（60%）
电话接待	在铃响三声内接听电话，如果延迟，及时向客户致歉			5分			
	首先"问候并自报家门"并询问客户需求			10分			
	在回答相关问题前，先询问客户信息			5分			
	回答客户问题时准确、简洁、清晰			10分			
	在通话过程中，主动邀约客户来店，并尝试留下客户联系方式			10分			
	通话过程中适当记录细节			10分			
	通话结束前，询问客户是否还有其他需求			10分			
	通话结束时再次自报家门并感谢客户来电			10分			
	等待客户先挂断电话并及时填写"来店（电）客户登记表"			10分			
职业素养	能够灵活运用计划内容进行演练			10分			
	仪态自然，大方；语言清晰、语速、语音、语调适中			5分			
	工位整洁干净，文件摆放有序			5分			
小　　计							
总评分（自评分×10%+互评平均分×30%+教师评分×60%）							

任务评价

"电话接待"任务评价见表2-9。

表2-9　学习任务2"电话接待"评价表

评价方式	评价项目	是	否
个人评价	通过互联网、市场调研等各种渠道获取电话接待工作的相关信息，并主动咨询信息的可靠性		
	清晰表述电话接待工作的流程及工作规范要求		
	熟练运用电话接待流程及规范要求，完成电话接待任务		
	完成意向客户管理工作，填写"来店（电）客户登记表"		
	与他人合作，进行有效沟通		
	遵守一体化课室6S管理规定，逐步养成良好的工作习惯，增强责任感		
小组评价	小组成员是否全部参与了计划策划及实施过程		
	小组成员是否具有团队意识，是否相互配合		
	小组成员沟通是否顺畅		
	小组成员能否自主学习并尊重他人		
	小组成员能否客观地自评与互评		
	小组成员是否服从教师安排		
	小组成员是否遵守6S管理规定，保证学习环境的干净整洁		

 任务拓展

1. 本次学习任务为电话接待，请思考，如果是汽车销售顾问主动打电话邀约客户，应该注意哪些问题。

2. 在本次学习任务中，如果成功邀约客户来店，汽车销售顾问应在客户到店前做好哪些准备工作？

任务3　展厅接待

 任务目标

1. 通过互联网、市场调研等各种渠道获取展厅接待工作的相关信息，并主动咨询信息的可靠性。
2. 清晰表述展厅接待的工作流程及工作规范要求。
3. 熟练运用展厅接待流程及规范要求，完成展厅接待任务。
4. 完成意向客户管理工作，填写"来店（电）客户登记表"。
5. 与他人合作，进行有效沟通。
6. 遵守一体化课室6S管理规定，逐步养成良好的工作习惯，增强责任感。

 任务情景

1. 情景描述

某日，客户张斌夫妇一起到展厅看车，销售顾问王平对张斌夫妇进行了接待。当张斌夫妇进入展厅时，王平正在填写资料，并没有注意到有客户进入展厅，张斌夫妇在展厅内逛了一圈后，主动询问王平。

客户："你好，请问这款车多少钱？"

（王平听到询问后才走过来）

王平："这款车的销量很好，价格嘛，您先看车，然后我再和您谈价格。"

客户："哦，要先看车啊！那好吧，你帮我介绍一下这款车吧！"

王平："好的，我们这款车采用了国内领先的发动机技术，动力性很好……这就是我们这款车的基本情况，您觉得怎么样？"

客户："还行，那我再看看。"

（客户准备离开展厅）

王平："好的，您慢走！欢迎下次光临！"

（客户离开展厅）

2. 任务要求

（1）请以小组合作方式，讨论分析王平在进行此次展厅接待时，有哪些需要改进的地方。形成小组意见后，统一提交。

（2）请与组内搭档合作，轮流以销售顾问的身份完成此次展厅接待任务。

任务知识

一、展厅接待工作流程

展厅接待最重要的工作目标就是展示销售顾问的专业素养，获取客户的信任感。具体工作流程如图 2-2 所示。

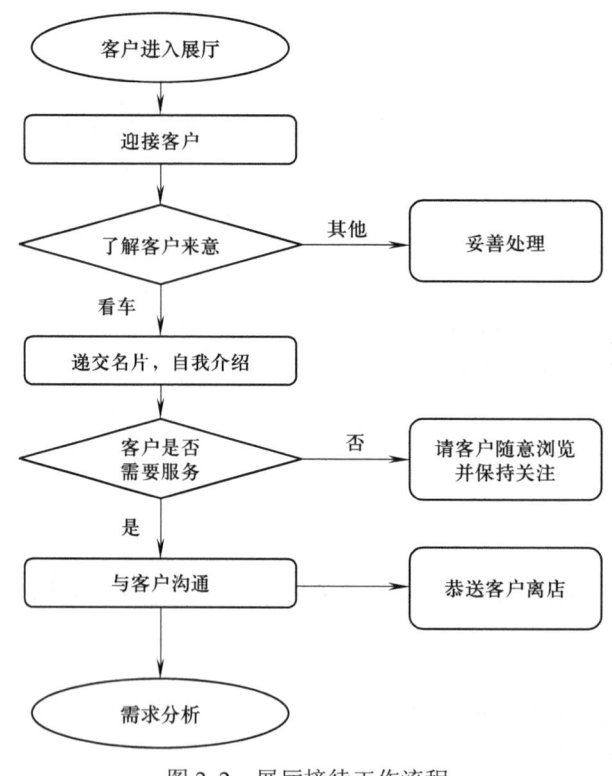

图 2-2　展厅接待工作流程

二、展厅接待工作规范要求及参考话术

（一）接待前准备

1. 洽谈区准备

（1）洽谈区的办公桌要整理干净，可布置装饰品（如鲜花等），保持室内空气清新自然。

（2）饮水机、饮品、杯子、糖果、雨伞等放置妥当。

2．展车准备

（1）摆放有序，颜色搭配合理。
（2）展车要保持清洁，车内空气清新。
（3）展车车门不要上锁，方便客户进入车内观看、动手体验。
（4）蓄电池电量充足，各项配置正常使用。

3．销售顾问个人准备

（1）自检仪容仪表，调整自己的情绪和状态。
（2）查看商品车库存情况，做到心中有数。
（3）基本办公用品：计算器、笔、记录本、名片（夹）、面巾纸等。
（4）相关资料：公司宣传资料、产品资料、竞品对比表、媒体报道剪辑、客户资料等。
（5）销售文件：三表卡、试乘试驾表单、价格表、销售合同、保险文件、按揭文件等。

（二）迎接客户

（1）销售顾问应第一时间迎接客户，面带微笑，主动与客户打招呼，并将客户引领进门。
（2）注意细节，如果是雨雪天气，应主动帮助客户收拾雨具。同时，销售顾问应留意客户所乘坐的交通工具，如果是开车，还应注意客户开的是什么车。

【参考话术 2-22】"先生/女士，您好！欢迎光临！里面请。"

（三）了解客户来意

客户进店后，销售顾问应主动询问客户来店意图并做出妥善处理，见表 2-10。

【参考话术 2-23】"先生/女生，请问您是来看车吗？"

【参考话术 2-24】"先生/女士，有什么可以帮助您吗？"

表 2-10　客户不同来店意图的处理方法

客户来店意图	处理方法
问路	妥善指引
找人	妥善指引或带领客户到洽谈区坐下，请客户稍等
售后项目	引导至相关服务人员处
看车	递交名片，自我介绍，询问客户是否需要服务

（四）客户来看车时的接待

1．递交名片，自我介绍

销售顾问向客户递交名片最好在销售顾问接待客户的初期，在正式的销售洽谈之前先主动向客户递交名片。递交名片时注意商务礼仪。

自我介绍应简洁明确，运用技巧加深客户的印象，并及时询问客户信息。了解客户姓名信息后，在后面的沟通过程中要尊称客户。

【参考话术 2-25】"您好，我是销售顾问王平，您可以叫我小王，很高兴为您服务，这是我的名片。请问您怎样称呼？"

【参考话术2-26】"您好，我是销售顾问王平，三横王，平安幸福的平，这是我的名片。请问先生/女士您贵姓？"

2．询问客户是否需要服务

从心理学的角度讲，客户在进入展厅后往往不希望有压力，而且都会有一种自我保护意识。因此销售顾问不要急于向客户介绍车辆，而是先给客户营造出一种轻松的氛围，让客户有自主选择的空间。

【参考话术 2-27】"×先生/女士，您看您是自己先随便看看，还是我为您有重点地介绍一下？或者您也可以到洽谈区喝杯茶，先休息一下。"

3．不同情况客户的接待

（1）客户要求自行看车。针对这种情况的客户，销售顾问应在告知客户自己会在旁待命，随时准备为其服务后先行撤离，以免引起客户反感。但销售顾问应保持对客户的关注，留意客户的行为、肢体语言等，以判断是否可以适时接触。

【参考话术 2-28】"好的，×先生/女士，您请随意，我到前台整理资料，有需要您叫我一声就好了，随叫随到。"

【参考话术 2-29】"好的，×先生/女士，请随意，很乐意随时为您提供服务。"

销售小技巧

当客户出现以下动作时，销售客户可适时上前接触：
1. 客户目光好像在寻找销售顾问时。
2. 客户试图打开车门时。
3. 客户详细阅读车型配置表时。
4. 客户试坐展车时。
5. 客户想打开发动机舱盖及行李箱察看时。

销售顾问在上前接触客户时，可适当运用赞美技巧，获取客户好感，并体现出客户关注车型的价值。

【参考话术 2-30】"×先生/女士，您真的很有眼光，这款车是我们店里配置最全的一款车型了。喜欢的人非常多，要不我帮您介绍一下？"

【参考话术 2-31】"×先生/女士，您真是行家，您看的这款车是我们展厅目前配置最优的一款，而且在同类车型中也是性价比最高的一款。"

（2）客户要求销售顾问服务。当客户要求销售顾问帮助时，销售顾问要亲切、友好地与客户交流，获得客户需求信息，并展示自身的专业素养，获取客户的信任。

【参考话术 2-32】"好的，×先生/女士，您真有眼光，您看的这款车是我们店销量最好的一款车，功能非常齐全，请问您比较关注哪一方面呢，我帮您介绍一下？"

【参考话术 2-33】"好的，×先生/女士，我马上为您介绍。请问您是第一次到店吗？"

【参考话术 2-34】"好的，×先生/女士，我马上为您介绍。请问您想看轿车还是SUV？"

 销售小技巧

1. 在沟通过程中，销售顾问可以主动递送相关的产品资料，帮助客户了解汽车的配置参数。

2. 注意不要让客户长时间站立交流，可适时请客户去洽谈区坐下交流，也可请客户进入车内体验感受。

（3）客户要求去洽谈区休息。针对这种情况的客户，销售顾问应陪同客户进入洽谈区，主动提供饮品和产品资料，并且营造良好的沟通气氛，发掘客户需求。

【参考话术 2-35】"好的，×先生/女士，请随我来，我陪您去洽谈区休息一下。"

【参考话术 2-36】"×先生/女士，我们展厅为您提供了茶水和饮料，请问您需要喝点什么呢？"

【参考话术 2-37】"×先生/女士，请稍等，我马上为您准备饮品和资料。"

【参考话术 2-38】"×先生/女士，这是您的饮品，请慢用。我可以坐在这边为您介绍一下吗？"

（五）恭送客户离店

（1）销售顾问应陪同客户走向展厅门口。
（2）提醒客户清点随身携带的物品。
（3）如果没有客户的相应资料，应想办法留下客户的资料。
（4）预约下次来访时间，表示愿意下次来店时仍由本销售顾问来接待，便于后续跟踪。
（5）在展厅门外，感谢客户来店，表示期待下次会面。挥手致意，目送客户离去。

【参考话术 2-39】"×先生/女士，方便留下您的联系方式吗？"

【参考话术 2-40】"×先生/女士，看来您对这款车很感兴趣，刚好我们最近会有这款车的试乘试驾活动，这样吧，您留个电话给我，到时我会邀请您来参加"。

【参考话术 2-41】"×先生/女士，看来您对这款车很感兴趣，刚好我们最近会有这款车的促销活动，这样吧，您留个电话给我，到时我会及时通知您。"

【参考话术 2-42】"×先生/女士，我们留下您的联系方式是为了方便下次进行电话回访，而且我们店会陆续举办各种各样的优惠活动，届时会为到会的老客户赠送一些礼品。所以想麻烦您留下详细的信息，到时候我会第一时间通知您。您放心吧，我们绝不会随便打扰您或把您的资料外泄的，我们请您留下联系信息只是为了更好地为您服务！"

（六）客户离店后

（1）销售顾问应将展车、洽谈区等恢复原状并进行清洁。
（2）及时填写"来店（电）客户登记表"，建立"意向客户信息卡"（表2-11）。
1）意向客户级别划分。销售顾问应根据接待客户的情况，对客户进行意向级别划分，以便合理有效地安排客户跟进工作的优先顺序，改进工作质量，提高销售业绩。意向级别可根据客户的具体行为表现划分，如已谈到交车细节和期限，可能在一周内实施购买行为的客户可划分为 A 级客户等（表2-12）。

2）意向客户跟进。销售顾问应根据不同客户的特点和对产品的接受程度来选择跟进的方式，可以采用回访电话、短信、电子邮件、传真、寄送资料信件、上门拜访、展厅约见等跟进方式。跟进频率也根据级别进行不同设定，如A级客户可两日跟进一次，B级客户可一周跟进一次等。

（3）将自我着装、情绪调整到最佳状态，准备接待其他客户。

 小资料

表2-11 某汽车企业意向客户信息卡

客户编号：						客户类型：企业		个人	
客户资料	客户名称		E-mail			确认后的意向级别		姓名	时间
	通信地址		邮编		移动电话	平均换车时间	销售人员		
	工作单位名称		行业		联系电话	交车日期			
	工作单位地址				邮编	其他			
介绍人姓名		电话		关系	信息来源	1.基盘 2.来店（电） 3.员工 4.开发 5.保有客户介绍 6.展示会 7.其他			
预购车型			意向产生日期			特殊要求			
下次约定日期	实际跟进日期	意向级别	经过情况				审核		

表2-12 某汽车企业意向客户级别划分参考依据

级别	判定条件	行为体现	购买周期	跟踪频率
A级	购车意向很强	已谈到交车细节及期限 客户已确认车色 客户主动告知竞争对手情况 主动谈及精品、旧车处理、付款方式与上牌问题 主动打电话或再度来店	7日内	2日1次
B级	购车意向一般	与客户商谈超过1h 商谈甚欢，主动称呼销售顾问姓名 约好下次洽谈时间 客户有明显感兴趣的车型 客户详细询问车辆的功能、配置	7～15日	1周1次
C级	购车意向较差	已经知道客户的姓名、地址、电话或得到客户的名片 有谈及客户公司的情况或聊到客户的学历、背景 知道客户的兴趣、爱好 了解客户对预购车辆的基本要求 提到目前用车的状况	15～30日	2周1次
D级	无明显购车意向	还没有完整的客户联系方式，或者仅有联系方式但是没有其他有效的信息沟通	30日以上	3周1次

任务实施

步骤1　拟订任务实施工作计划

在正式实施"展厅接待"工作前,可以按照"任务知识"中的相关内容进行工作步骤要点梳理及话术设计,完成表2-13。

表2-13　"展厅接待"工作步骤要点梳理及话术设计

工作步骤		步骤要点	话术设计
接待前准备			—
迎接客户			
了解客户来意			
递交名片,自我介绍			
询问客户是否需要服务			
不同情况下客户的接待	客户要求自行看车		
	客户要求销售顾问服务		
	客户要求去洽谈区休息		
恭送客户离店,留下客户信息资料			
客户离店后			—

步骤2　按计划进行演练

拟订任务实施计划后,小组成员可以在组内寻找搭档,进行接待前演练,并按照表2-14进行观察记录。

步骤3　根据演练情况,修订任务计划

演练结束后,可以根据观察记录情况,对拟订的任务计划进行修订,以确保工作任务顺利完成。

步骤4　正式完成任务

完成工作计划修订后,可按照修订后的任务计划正式完成"展厅接待"任务,并按照表2-14进行评分。

表2-14　销售顾问"展厅接待"工作过程观察评价表

任务	观察及评价项目	步骤2观察记录		步骤4评分			
		是	否	评价分值	自评分(10%)	互评分(30%)	教师评分(60%)
展厅接待	第一时间问候客户,并使用合适的礼貌用语			5分			
	运用合适的话术了解客户来意并做出妥善处理			10分			
	清晰的自我介绍,并递交名片,动作专业			5分			
	运用合适的话术询问客户是否需要服务,并根据客户要求提供专业服务			10分			
	准确把握接近客户的时机			10分			
	尊称客户,使用敬语和建议性语气,适时赞美客户			10分			
	陪同客户走向展厅门口,适时提醒客户带齐物品			10分			
	掌握客户信息资料			10分			
	及时填写"来店(电)客户登记表"及"意向客户信息卡"			10分			

(续)

任务	观察及评价项目	步骤2 观察记录		步骤4 评分			
		是	否	评价分值	自评分（10%）	互评分（30%）	教师评分（60%）
职业素养	能够灵活运用计划内容进行演练			10分			
	仪态自然，大方；语言清晰，语速、语音、语调适中			5分			
	工位整洁干净，文件摆放有序			5分			
小　　计							
总评分（自评分×10%+互评平均分×30%+教师评分×60%）							

任务评价

"展厅接待"任务评价见表2-15。

表2-15　学习任务3"展厅接待"评价表

评价方式	评价项目	是	否
个人评价	通过互联网、市场调研等各种渠道获取展厅接待工作的相关信息，并主动咨询信息的可靠性		
	清晰表述展厅接待的工作流程及工作规范要求		
	熟练运用展厅接待流程及规范要求，完成展厅接待任务		
	完成意向客户管理工作，填写"来店（电）客户登记表"		
	与他人合作，进行有效沟通		
	遵守一体化课室6S管理规定，逐步养成良好的工作习惯，增强责任感		
小组评价	小组成员是否全部参与了计划策划及实施过程		
	小组成员是否具有团队意识，是否相互配合		
	小组成员沟通是否顺畅		
	小组成员能否自主学习并尊重他人		
	小组成员能否客观地自评与互评		
	小组成员是否服从教师安排		
	小组成员是否遵守6S管理规定，保证学习环境的干净整洁		

任务拓展

1．本次学习任务为针对第一次来店的新客户进行接待，请思考，如果销售顾问面对的是来过几次的老客户，应如何进行接待。

2．在展厅接待的过程中，除了要建立客户的信任感之外，销售顾问还应该抓住机会了解客户的需求信息，请思考，客户的需求信息应包括哪些内容。

任务4 客户需求分析

1．通过互联网、市场调研等各种渠道获取客户需求分析工作的相关信息，并主动咨询信息的可靠性。
2．清晰表述客户需求分析的工作流程及方法。
3．列举客户需求信息的内容，熟练运用提问的方式获取客户需求信息，并能够对客户的需求信息进行总结分析。
4．与他人合作，进行有效沟通。
5．遵守一体化课室6S管理规定，逐步养成良好的工作习惯，增强责任感。

1．情景描述

一个星期后，客户张斌夫妇再次来到展厅。吸取了上次的经验，销售顾问王平对张斌夫妇进行了热情的接待，并邀请客户到洽谈区坐下，双方的沟通氛围十分友好和融洽。

客户："你好，请问这款车现在多少钱？"

（客户询问的车型和上次的车型不是同一款）

王平："这款车的价格是248000元，我也看出您真的很喜欢这款车，我还可以帮您去申请一些折扣。"

客户："太好了，可以打几折呢？"

王平："这个我要去问问我们经理，您放心，一定给您最优惠的价格。"

客户："那不错，对了，听说你们这款车发动机不怎么样？"

王平："怎么会呢？我们这款车的发动机采用的是××××技术平台，在国内外都是领先的技术……"

客户："这样啊，不过这个颜色不好看，我不喜欢。"

王平："您放心，这款车有很多种颜色可以选择的。"

客户："哦，对了，那个ESP是什么啊？"

王平："ESP是车身稳定系统，通常包含ABS防抱死系统和ASR驱动防滑系统的功能，是汽车上非常重要的一个安全配置。"

客户："听起来还不错，我还有事，下次再来看！"

（客户准备离开展厅）

王平："好的，您慢走！欢迎下次光临！"

（客户离开展厅后，销售经理走了过来）

经理："王平，刚才那两位客户是谁用车啊？购车预算大概多少？预计什么时候提车？是全款还是按揭？"

王平："……"

2．任务要求

（1）请以小组合作方式，讨论分析王平在这次和客户的沟通中有哪些需要改进的地方。形成小组意见后，统一提交。

（2）请与组内搭档合作，按照下面客户的资料，轮流以销售顾问的身份，用提问的方式获取客户的需求信息，并对客户信息进行总结分析。

客户个人信息

张先生　年龄：40岁左右
职业：移动通信设备代理商。
业余生活和爱好：自驾游、购物、酒吧。
家庭成员：3人，本人、太太和孩子（6岁男孩，马上上小学，太太负责接送）。
信息来源：收音机广告。
购车用途：商务用车兼顾家用。
驾驶习惯：喜欢激情驾驶。
经常的乘员：自己驾驶（太太自己有车，大众帕萨特）。
接触和约见方式：经销商展厅；曾到访过同城另一家同品牌经销商，做过试驾，感觉接待的销售顾问并不十分热情，故未购买，期望在这家经销商得到更好的体验。
行为特征：果断，有主见（购车不需要太太参与意见），喜欢被别人真诚地对待，看中销售顾问能否专业地讲解车辆的相关功能。

原有车辆信息

车型：黑色宝马325i　车龄：5年（10万km）
喜欢的理由：操控性好、加速快。
不喜欢的理由：空间小、装备不够丰富且操作不便（如无一键式起动等）。
换车的理由：宝马、奥迪和奔驰的商务型车都出了新款，比较感兴趣。
旧车的处理：如果评估价格合适可考虑在经销商处置换，曾通过朋友咨询了二手车价格，得到的评估价格为18万元。

客户购买动机

身份性：事业发展越来越好，希望能更换一台形象更为成熟又能彰显业务实力的车。
享受性：希望有更丰富的装备，驾乘的舒适性。
操控性：希望新车能有更强的路况适应性。

所需新车信息

计划每年行驶里程：2万km左右。
准备购车时间：尽快购买，最好有现车，最长可接受2个月预订。
对比车型：还未确定。
感兴趣的车型：还未确定。
购车预算：70万元左右。
付款方式：考虑贷款。

一、需求分析工作流程

需求分析是汽车销售工作中十分重要的一个环节，通过有效的需求分析，销售顾问可以有针对性地向客户推荐车型和展示产品，提高销售效率。具体工作流程如图 2-3 所示。

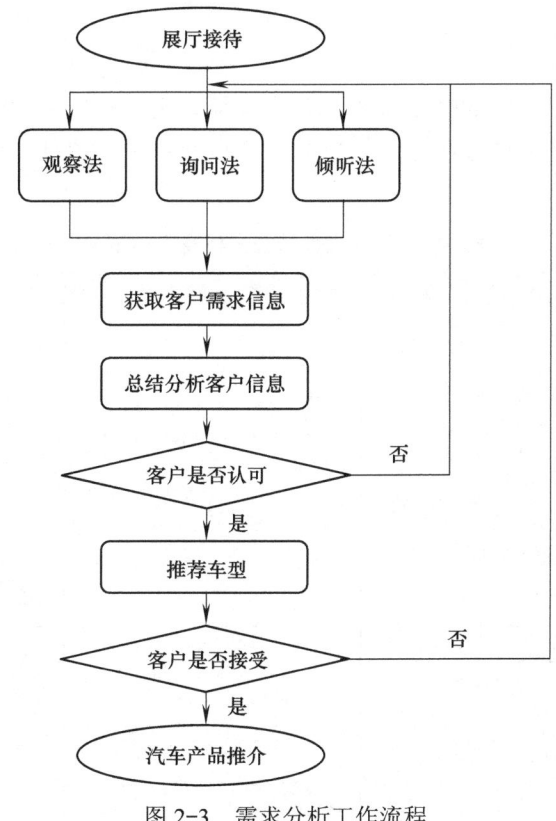

图 2-3　需求分析工作流程

二、获取客户需求信息

（一）客户在购车过程中的角色

客户在购买汽车的过程中，可能担任下列角色中的任何一种或几种：
（1）影响者。对购买决策产生影响的人，如家庭成员、同事、朋友等。
（2）决策者。做出购买决定的人。
（3）购买者。具体执行购买决策的人。
（4）使用者。实际使用所购汽车产品的人。

对于销售顾问而言，首先需要准确识别出客户在购买过程中所担任的角色，然后针对不同购买角色有的放矢地开展销售活动，见表 2-16。

表 2-16 不同购买角色的心理需求及应对技巧

购买角色	心理需求	应对技巧
影响者	希望自己的专业性获得认同,在购买过程中表现出负责任的状态	抓住合适的时机赞同其观点,认可其专业性,赞美其责任心
决策者	希望自己做决定,且决定是明智的,是做出的最好的选择	强调其决定的正确性,赞美其行事果断,独立自主
购买者	希望此次购买的汽车产品物超所值,性价比最高	强调汽车产品的性价比,灵活运用各种资源
使用者	关注汽车产品的驾乘感受,在使用汽车的过程中希望得到他人的认同	根据使用者的需求强调卖点利益

（二）客户类型

不同类型的客户有着不同的性格特点和行为特征,销售顾问需要判断出客户所属类型,然后运用不同的销售策略进行应对,以尽快赢得客户的好感和信任。客户类型特征分析及应对策略见表 2-17。

表 2-17 客户类型特征分析及应对策略

客户类型	特征	情感需求	应对策略
控制型	有明确的目标和追求,精力充沛,身体语言丰富 喜欢发号施令,当机立断,不能容忍错误,不在乎别人的情绪 最讲究实际,是决策者,喜欢控制局面,是个有目的的听众 冷静独立而任性,以我为中心,优秀的时间管理者 也关心别人,通过行动而不是语言叙述出来	追求安全感,万无一失 对自己和别人都要求严格,甚至苛刻 喜欢较大的个人空间,害怕别人与自己亲近	遵守时间,要多听少说,做记录,不随便插话 不要过于亲热友好,尊重个人空间的需求 公事公办,着装正统严肃,讲话要用专业术语 摆事实,并确保其正确性,多用数字 语速放慢,条理清楚 谈具体行动和想法,不谈感受 避免侵略性的身体语言,身体略向后倾
分析型	不流露自己的情感,面部表情少,说话时手势少,走路速度慢 问具体细节方面的问题,考虑周密 沉沦于个人的经验 事事喜欢准确完美,喜欢条理 对日常琐事不感兴趣,但衣着讲究、正规 过分地依赖材料、数据,工作起来很慢 在提出决策和要求时,或阐述时,喜欢兜圈子	希望得到直接的,准确的回答 喜欢有事实、有依据的、大量的新想法 高效率,重结果	直接切入主题,不用寒暄,多说少问 充分准备,实话实说,而且声音洪亮,加快语速 准备一张概要,重点描述行动结果 处理问题要及时,阐述观点要强有力 从结果的角度谈,不谈感受 准备 2~3 个方案供其选择 增强眼光接触的频率和强度,身体前倾
友好型	善于保持人际关系,关心别人,待人热心 有耐心,说话和走路速度慢,有较强的自制力 体态语言少,面部表情自然而不夸张 不喜欢采取主动,害怕冒险 是非常出色的听众,迟缓的决策人,重视人际间关系,富于同情心,并愿意为之付出代价	渴望安全感及友好的关系 希望获得真诚的赞赏及肯定 喜欢传统的方式,按照规定好的程序办事	热情微笑,建立友好气氛 放慢语速,以友好但非正式的方式与之沟通 建立信任关系,显出谦虚态度 从对方角度理解,适当地重复他的观点,以示重视 决策时不要施加压力,不要过分催促 当对方不说话时,要主动征求意见 避免侵略性的身体语言,身体略向后倾

(续)

客户类型	特 征	情 感 需 求	应 对 策 略
抒发型	乐于叙述感情，表情丰富而夸张，动作迅速，声音洪亮而话多，灵活，亲切 精神抖擞，充满激情，有创造力，重感情，乐观 凡事喜欢参与，考虑人的因素，害怕孤独 追求乐趣，敢于冒险，衣着随意，乐于让别人开心 通常没有条理，愿意发表长篇大论，时间不规律	希望得到公众的认可和鼓励，喜欢热闹的环境 喜欢民主的关系，友好的气氛 渴望叙述自己的自由 希望有人帮助实现其创意	声音洪亮，热情，微笑 大胆创意，提出新的、独特的观点 书面报告，简单扼要，重点突出 讨论问题反应迅速及时，做出决策 夸张身体语言，加强目光接触，积极的合作态度 给他们时间说话，并适时地称赞，注意自己要明确目的，讲话直率 重要事情一定以书面形式与其确认

（三）客户的需求信息

销售顾问还需要对可能影响到客户购车行为的因素进行全面的调查，尽可能地了解客户的真实情况，做到知己知彼。通常来讲，客户的需求信息包括以下四个方面。

（1）个人背景信息：包括姓名、地址、电话、驾驶者、业余爱好、兴趣、职业、信息来源等。

（2）现用车信息：厂家、型号、车龄、里程、每年行驶距离、喜欢的理由、不喜欢的理由、换车的理由、突出的费用、车辆服务史等。

（3）对新车的需求：购车用途、特别关注的车型、计划每年行驶里程、参数选择、要表现的特征、首选的附加装备、购车时间等。

（4）预算信息：现在的支付能力、计划用于购车的占比、首选的财务方式、是否置换等。

> **小资料　冰山理论**
>
> 冰山有水面以上的部分，也有潜藏在水面以下的部分。水面以上的部分是显性动机，也就是客户知道的，能说出来的部分；水面以下隐藏的那一部分是隐性动机，也就是客户不知道的或是不愿意说出来的。往往在销售过程中，客户的显性需求是容易发现也容易解决的；隐性需求大多是不容易被发掘的，是客户深藏的利益，也是真正影响成交的因素。

三、需求分析的方法

（一）观察法

与客户接触时，销售顾问首先要对客户进行观察。优秀的销售顾问需要具有敏锐的观察力，能够通过目测对来访客户的外在形象做一个初步的综合评定，并得出初步判断，如客户衣着可在一定程度上反映经济能力、选购品位、职业、喜好；客户姿态可在一定程度上反映职务、职业、个性；客户眼神可传达购车意向、感兴趣点；客户表情可反映出客户的情绪和选购的迫切程度等。

（二）提问法

观察客户只是挖掘客户需求的第一步。需求分析的一个关键方法就是向客户提问，通过提问来挖掘客户的需求细节。在实际工作中，常用的提问方法有开放式提问法、封闭式提问法和选择式提问法三种。

1. 开放式提问法

开放式提问法是汽车销售顾问提出比较概括、广泛、范围较大的问题，对回答的内容限制不严格，引导客户用自己的话来回答问题，且不能简单地以"是"或者"不是"来回答销售顾问的提问。开放式提问法有利于发挥客户的主动性和创造性，使他们能够自由表达意见。

销售顾问要想从客户处获得尽可能多的信息，就需要采用开放式提问法。开放式提问法常用的问题及参考话术见表2-18。

表2-18 开放式提问法常用的问题及参考话术

序号	问题名称（5W2H）	含 义	参 考 话 术
1	Who（谁）	客户是不是购车的决策者 客户是不是实际用车者	【参考话术2-43】"请问这次购车主要是谁开呢？"
2	When（何时）	客户什么时候会买车 客户是初次买车还是二次买车	【参考话术2-44】"您打算什么时候提车？"
3	What（什么）	客户选车时重点考虑哪些因素 客户想选购的车型是什么	【参考话术 2-45】"您比较关注车辆性能的哪一方面？如动力、舒适、操控等？" 【参考话术2-46】"请问您主要想看什么车？" 【参考话术2-47】"您对配置有什么特别要求吗？"
4	Why（为什么）	客户购车的主要原因是什么	【参考话术2-48】"您买车的主要用途是什么？"
5	Where（哪里）	经常行驶在什么路面上	【参考话术2-49】"您平时主要在市区工作吧？经常跑什么路面啊？"
6	How（怎样）	客户是一次性还是按揭付款	【参考话术2-50】"您对购车方式有什么考虑吗？"
7	How much（预算）	客户的购车预算是多少	【参考话术2-51】"不好意思，我想知道您考虑什么价位的车，以便我可以有针对性地为您介绍。"

2. 封闭式提问法

封闭式提问法是指提出的答案有唯一性，范围较小，有限制的问题。客户在回答销售顾问的提问时，可以直接使用"是"或者"不是"，"有"或者"没有"，"对"或者"不对"等词语。销售顾问可以使用封闭式提问法来控制谈话的主题，节约时间，提高销售效率。

【参考话术2-52】"您购车是自己开吗？"

【参考话术2-53】"主要是您开车吧？"

【参考话术2-54】"还需要参考家人的意见吗？"

【参考话术2-55】"您应该不是第一次买车吧？"

【参考话术2-56】"您的气质真好，您是老师吧？"

3. 选择式提问法

选择式提问法也称限定式提问法，就是在问题中提供两个或两个以上可供选择的答案，客户可以直接选择。销售顾问可以通过这种方法掌握销售的主动权。

【参考话术2-57】"您买车主要考虑家用还是商用？"

【参考话术2-58】"您是打算置换还是新购一辆呢？"

 **销售小技巧**

向客户提问的顺序

销售顾问需要了解的客户需求信息量很大，所以在向客户提问时，销售顾问应该保持清晰的思路，按照一定的顺序依次向客户提问，以免遗漏或者重复发问。

通常来讲，需求分析提问的顺序如图2-4所示。

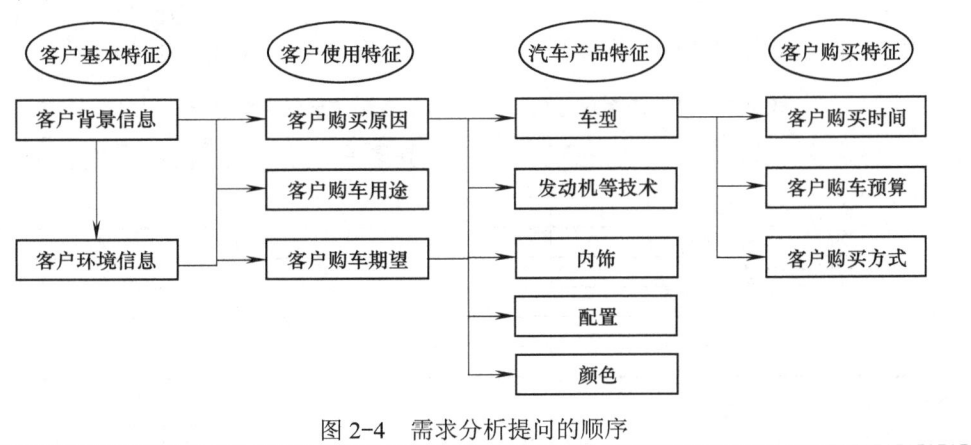

图2-4　需求分析提问的顺序

（三）倾听法

汽车销售中的有效沟通强调学会倾听。倾听不仅可以满足客户的社交需求、尊重需求和自我实现需求，而且可以进一步地了解客户的需求。倾听是一种有效地掌握客户需求的方法，只有倾听才能够理解客户的真实意图。销售顾问在倾听过程中，有以下几个注意事项。

（1）做好准备工作。创造良好的倾听环境，没有干扰，空气清新、光线充足，最好让双方都坐下来，销售顾问应带上笔和记事本，随时记录。

（2）认真聆听。销售顾问应保持与客户的目光接触，精力集中，表情专注，身体略微前倾，同时用肢体语言积极回应，如点头、眼神交流和感叹词（如嗯、啊）等。

（3）接纳客户意见。销售顾问应忘掉自己的立场和见解，站在对方的角度去理解对方、了解对方。

（4）让客户把话讲完，不要急于下结论或打断客户。

（5）将客户的见解进行复述或总结，确认理解得是否正确。

【参考话术2-59】"您刚才的意思是车辆的安全性一定要好，是吗？"

【参考话术2-60】"您是说南方路的那家4S店价格可以优惠1万元，是吗？"

四、总结分析客户需求信息

销售顾问通过各种方法获取客户的有效信息后，应站在客户的立场上，总结分析出客户的关键需求信息（3条左右），并得到客户的确认。然后向客户推荐符合其需求的车辆，并解释推荐的原因，让客户认同销售顾问所推荐的车型是符合其自身需求的。取得客户认同后，销售顾问可以根据客户的关注点向客户进行汽车产品介绍。

【参考话术 2-61】"×先生/女士，您的意思是需要一辆商务用车，主要用来接送客户，所以车辆的舒适性和安全性一定要好，预算在 60 万元左右，是这样吗？"

任务实施

步骤 1　拟订任务实施计划

按照任务要求，需要对客户进行提问，以获取客户需求信息。在实施任务前，可以按照"任务知识"中的相关内容进行工作步骤要点梳理及话术设计，完成表 2-19。

表 2-19　"客户需求分析"工作步骤要点梳理及话术设计

工作步骤		步骤要点	话术设计
	观察客户		—
询问客户	询问客户个人信息		
	询问客户原有车辆信息		
	询问客户购买动机		
	询问客户新车需求信息		
在询问的过程中注意倾听			
总结分析客户需求信息			

步骤 2　按计划进行演练

拟订任务实施计划后，小组成员可以在组内寻找搭档，进行"客户需求分析"演练，并按照表 2-20 进行观察记录。

步骤 3　根据演练情况，修订任务计划

演练结束后，可以根据观察记录情况，对拟订的任务计划进行修订，以确保工作任务顺利完成。

步骤 4　正式完成任务

完成工作计划修订后，可按照修订后的任务计划正式完成"客户需求分析"任务，并按照表 2-20 进行评分。

表 2-20　销售顾问"客户需求分析"工作过程观察评价表

任务	观察及评价项目	步骤2 观察记录		评价分值	步骤4 评分		
		是	否		自评分（10%）	互评分（30%）	教师评分（60%）
需求分析	尊称客户，使用敬语和建议性语气，适时赞美客户，营造良好的沟通氛围			10分			
	善于观察客户，能够观察到客户细节并运用到需求分析中			10分			
	提问方法选择合理，提问话术逻辑性强且有效			15分			
	与客户沟通过程中，善于倾听并能够给客户回应，符合倾听基本要求			15分			
	掌握客户信息资料完整有效			15分			
	对客户需求信息进行总结，并推荐合适车型			15分			
职业素养	能够灵活运用计划内容进行演练			10分			
	仪态自然、大方；语言清晰，语速、语音、语调适中			5分			
	工位整洁干净，文件摆放有序			5分			
小　计							
总评分（自评分×10%+互评平均分×30%+教师评分×60%）							

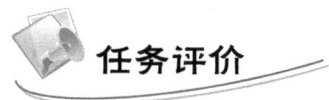
任务评价

"客户需求分析"任务评价见表2-21。

表2-21 学习任务4"客户需求分析"评价表

评价方式	评价项目	是	否
个人评价	通过互联网、市场调研等各种渠道获取客户需求分析工作的相关信息,并主动咨询信息的可靠性		
	清晰表述需求分析的工作流程及方法		
	列举客户需求信息的内容,熟练运用提问的方式获取客户需求信息,并能够对客户的需求信息进行总结分析		
	与他人合作,进行有效沟通		
	遵守一体化课室6S管理规定,逐步养成良好的工作习惯,增强责任感		
小组评价	小组成员是否全部参与了计划策划及实施过程		
	小组成员是否具有团队意识,是否相互配合		
	小组成员沟通是否顺畅		
	小组成员能否自主学习并尊重他人		
	小组成员能否客观地自评与互评		
	小组成员是否服从教师安排		
	小组成员是否遵守6S管理规定,保证学习环境的干净整洁		

任务拓展

1. 本次学习任务为客户需求分析,在研究需求的理论中,美国心理学家马斯洛的需求层次理论十分重要,请自行查阅该理论的内容并展示。

2. 在掌握了客户的需求信息后,销售顾问可以进入下一个工作环节,向客户推介汽车产品,请收集常用的汽车产品介绍方法。

基础知识训练

一、填空题

1. 潜在客户是指对某类产品(或服务)存在_____且具备_____的待开发客户。
2. "MAN"法则包括购买能力M(Money)、_____以及需求N(Need)。
3. 电话接待是指销售顾问通过_____接待进行咨询的客户,汽车销售顾问通过热情解答及合理的接待技巧,_____,从而实现销售的目的。
4. 电话的声音可以将销售顾问的表情传递给客户,所以汽车销售顾问要适时调整自己的面部表情,在接听电话时_____。
5. 销售顾问向客户递交名片最好在销售顾问接待客户的_____,在正式的销售洽谈之前先主动向客户_____。

6. 销售顾问在与客户沟通时，可适当运用_____技巧，获得客户好感。

7. 通过有效的_____，销售顾问可以有针对性地向客户推荐车型和展示产品，提高销售效率。

8. 客户在购买汽车的过程中，可能扮演下列角色中的任意一种或几种，分别是_____、决策者、_____和使用者。

9. 常见的客户类型有控制型、_____、_____和抒发型。

10. 需求分析常用的方法有观察法、_____和_____。

二、不定项选择题（每题有一个或多个答案正确）

1. 汽车销售企业可采用多种方式提升老客户的满意度和忠诚度，包括（　　）。
   A. 为老客户提供节日、生日祝福和售后服务优惠活动
   B. 新车上市邀请老客户参加试驾活动
   C. 对介绍新客户来店购车的老客户给予一定的奖励
   D. 老客户来店重复购车时，可享受一定优惠

2. 汽车销售顾问可以通过查询相关名录的途径来收集客户信息，具体包括（　　）。
   A. 国家和地区的相关统计资料　　B. 保险公司
   C. 协会　　D. 企业名录和黄页

3. 汽车销售顾问常用的潜在客户开发方式有（　　）。
   A. 广告宣传　　B. 直邮活动
   C. 到竞争对手店里争抢客源　　D. 展厅促销

4. 汽车销售企业在客户进行分析后，对特定的客户群体发出邀请，在选定的地点进行"体验式"销售，让更多的客户亲自感受产品的优越性能，从而建立良好的口碑宣传。这种客户开发方式称为（　　）。
   A. 广告宣传　　B. 直邮活动　　C. 试乘试驾　　D. 展厅促销

5. 汽车销售顾问必须在电话铃响（　　）内接听电话。如果超过，在自报家门后要向客户表示歉意。
   A. 一声　　B. 两声　　C. 三声　　D. 四声

6. 以下选项属于电话接待前准备工作的有（　　）。
   A. 汽车销售顾问需要准备好纸笔，以便随时记录客户信息
   B. 汽车销售顾问在接听电话前要端正坐姿
   C. 汽车销售顾问要具备扎实的汽车专业知识
   D. 汽车销售顾问在接听电话前要调整好个人情绪

7. 以下选项属于展车准备内容的有（　　）。
   A. 摆放有序，颜色搭配合理
   B. 展车要保持清洁，车内空气清新
   C. 展车车门不要上锁，方便客户进入车内察看、动手体验
   D. 蓄电池电量充足，各项配置正常使用

8. 当客户出现以下（　　）动作时，销售客户可适时上前接触。
   A. 客户目光好像在寻找销售顾问时
   B. 客户试图打开车门时

C. 客户详细阅读车型配置表时
D. 客户试坐展车时

9. 下列说法正确的有（　　　）。
   A. 影响者希望自己的专业性获得认同
   B. 决策者关注汽车产品的驾乘感受
   C. 购买者希望此次购买的汽车产品物超所值，性价比最高
   D. 使用者希望自己做决定，且决定是明智的，是做出的最好的选择

10. 下列说法不正确的有（　　　）。
    A. 控制型客户不流露自己的情感，面部表情少，说话时手势少，走路速度慢
    B. 分析型客户喜欢有事实，有依据的，大量的新想法
    C. 友好型客户善于保持人际关系，关心别人，待人热心
    D. 抒发型客户通常没有条理，愿意发表长篇大论，时间不规律

11. 客户个人背景信息包括（　　　）。
    A. 兴趣爱好　　　B. 职业　　　C. 购车用途　　　D. 是否置换

12. 销售顾问在倾听过程中，需要注意的事项有。（　　　）
    A. 注意不要与客户进行目光接触，以免给客户不舒服的感觉
    B. 用肢体语言积极回应，如点头、眼神交流和感叹词（如嗯、啊）等
    C. 让客户把话讲完，不要急于下结论或打断客户
    D. 将客户的见解进行复述或总结，确认理解得是否正确

三、判断题

1. 潜在客户与企业存在着销售合作机会。经过企业及销售人员的努力，可以把潜在客户转变为现实客户。（　　）
2. 在寻找新客户的各种渠道中，由老客户推荐而取得成功的占68%。（　　）
3. 销售顾问在接听电话时应先主动问候，可以用"喂"作为第一声问候。（　　）
4. 在了解客户相关信息后，在后面的沟通过程中，销售顾问要尊称客户，如"王先生""王女士"等。（　　）
5. 在电话接待中，汽车销售顾问尽量使用统一的销售口径回答客户提出的问题，如汽车价格建议按照汽车生产企业的官方指导价统一报价，不要轻易地泄露店内的价格底线。（　　）
6. 展厅接待中，当客户要求自行看车时，销售顾问仍应该在旁为其介绍。（　　）
7. 展厅接待中，注意不要让客户长时间站立交流，可适时请客户去洽谈区坐下交流，也可请客户进入车内体验感受。（　　）
8. 与客户预约时间时，给客户可以选择的时间，这比问客户"您什么时间方便呢"更加有效。（　　）
9. 客户的预算信息包括厂家、型号、现在的支付能力、计划多少用于购车等。（　　）
10. "您买车主要考虑家用还是商用？"属于封闭式提问。（　　）

四、简答题

1. 请简述"MAN"法则的不同情况及具体分析。

2. 请简述电话接待的工作流程。
3. 请简述客户不同来店意图的处理方法。
4. 请简述客户需求分析常用的提问方法并举例说明。

五、情景模拟题

情景1　客户发现展车有质量问题

☐　**实战情景**

一位客户在展厅看车,他发现自己喜欢的一款车的真皮座椅接缝处有开线的现象,便问销售顾问,你们展厅的车都这么差,那卖给客户的车岂不是问题更多吗?

【问题】你将如何处理这件事情,让客户对该车重拾信心?

☐　情景分析及应对

_____

_____

情景2　客户离店时不愿透露联系方式

☐　**实战情景**

在客户离开展厅时,不愿意将自己详细的联系方式透露给销售顾问。

【问题】作为一名销售顾问,你该怎样争取到客户的基本资料,以便日后联系?

☐　情景分析及应对

_____

_____

学习情境三 汽车产品推介

学习情境描述

在掌握客户的需求后,王平开始学习汽车产品介绍。通过销售经理的讲解,王平明白了汽车产品介绍需要针对客户需求,而且在开始汽车产品介绍之前,销售顾问要先做好准备,针对本品牌的各款车型进行卖点归纳,以便可以完整全面地向客户推介产品。常用的汽车产品介绍方法有 FAB 利益陈述法和六方位绕车法两种。王平的任务是熟练运用 FAB 利益陈述法以及六方位绕车法开展工作,对于客户所提出的异议,妥善处理,进一步发掘客户需求,激发客户的试驾兴趣和购买欲望。

学习目标

1. 对汽车产品的卖点进行归纳,要求语言精练并重点突出。
2. 熟练运用 FAB 利益陈述法和六方位绕车法,有针对性地完成汽车产品推介任务。
3. 妥善处理客户异议,并进一步发掘客户需求,从而激发客户的试驾兴趣和购买欲望。

学习任务

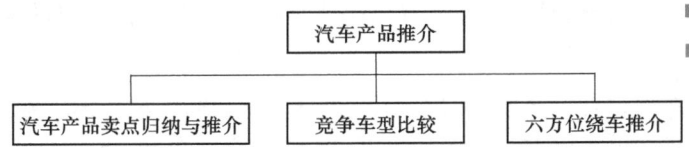

建议学时

18 学时。

任务 1　汽车产品卖点归纳与推介

1．通过互联网、市场调研等各种渠道获取汽车产品卖点归纳工作的相关信息，并主动咨询信息的可靠性。
2．对汽车产品的卖点进行归纳，要求语言精练并重点突出。
3．针对汽车产品的卖点，合理运用 FAB 利益陈述法进行介绍。
4．与他人合作，进行有效沟通。
5．遵守一体化课室 6S 管理规定，逐步养成良好的工作习惯，增强责任感。

1．情景描述

经过前期的接待，客户张斌夫妇与王平已经非常熟悉了，某日，张先生又一次来到店里，这一次他的目标非常明确，就是想向王平咨询某款车型的一些配置问题。

客户："王平，你好。我看到你们这款车的资料中写道，车辆配备了夜视辅助系统，你能帮我介绍一下这个系统吗？"

王平："应该就是在夜间开车时使用的一个系统吧。"

客户："有什么功能呢？"

王平："这个嘛……我是新来的……还不太熟悉，您稍等一下，我请另外一位销售顾问来向您解释。"

客户："这样啊，你先等一下，我还想问问这款车的音响系统怎么样。"

王平："音响系统效果很好。"

客户："配的是什么音响啊？"

王平："不好意思，我也不太清楚，我还是去请另外一位销售顾问过来吧……"

2．任务要求

（1）请以小组合作方式，讨论分析王平在进行此次车辆介绍过程中有哪些需要改进的地方。形成小组意见后，统一提交。

（2）请以小组合作方式，收集资料，完成下面的"汽车卖点归纳表"（表 3-1），形成小组意见后，统一提交（车型不限）。

（3）请与组内搭档合作，轮流以销售顾问的身份，根据"汽车卖点归纳表"的相关内容，运用 FAB 话术向客户介绍汽车产品。

表 3-1 汽车卖点归纳表

归 纳 方 向	涉及的配置点	卖 点 归 纳
造型与外观	整体造型	
	车身颜色	
	前照灯	
	进气格栅	
	腰线	
	尾灯设计	
	内饰设计	
动力与操控	发动机	
	变速器	
	悬架	
舒适实用性	车内空间	
	音响系统	
	空调系统	
	座椅	
	行李箱空间	
安全性	安全气囊	
	车身结构	
	ABS+EBD①	
	ESP	
	BA②	
	安全碰撞测试	
智能化与先进科技	智能化泊车系统	
	互联网科技系统	
性价比	超值性表现	

注：① EBD 代表电子制动力分配系统。
　　② BA 代表紧急制动辅助系统。

任务知识

一、汽车产品卖点归纳

汽车产品的卖点是指由相关人员完成的关于汽车产品优势的总结、概括及赋予价值，目的是让汽车产品在销售中取得一定的竞争优势。

（一）汽车产品卖点归纳须符合客户需求

需要注意的是，汽车卖点不是企业或者销售人员单方面归纳总结出来的，卖点必须符合目标消费者的需求。汽车市场的激烈竞争让客户有了广泛的选择范围和选择权利。在同等价位上，往往会有数十种车型供客户选择。因此，汽车销售人员要想让自己的产品脱颖而出，完全吸引住客户，就必须紧扣客户的需求，强调出产品或者服务的独特卖点，让客户感受到这款车是最独特、最适合自己的，这样，销售人员才有达成交易的希望。

（二）汽车产品卖点归纳方向

汽车是一种非常复杂的产品，所包含的产品信息非常多，销售顾问不仅难于记忆，在向客户介绍汽车产品时也往往不知从哪里开始。因此，在记忆产品卖点和介绍汽车产品之前，销售顾问应该有针对性地将汽车产品的卖点进行归纳。通常可以从六个方面进行归纳，分别是造型与外观、动力与操控、舒适实用性、安全性、智能化与先进科技以及性价比。

努力成为一名优秀的汽车销售顾问，首先应该从这个出发点来学习产品，牢记汽车的六个方面，不能在客户面前表现出不熟悉的样子。在向客户介绍汽车产品时，也可以引导客户从这六个方面来了解汽车，让客户接受这个思路，看车时首先想到的就是这六个方面。

【参考话术3-1】"×先生，我向您推荐这款车，应该从六个方面来看，那就是造型与外观、动力与操控、舒适实用性、安全性、智能化与先进科技以及性价比。一辆车只要从这六个方面来了解，就非常完善了，而且没有遗漏。您最关注的是哪个方面呢？"

（三）汽车产品卖点归纳要求

（1）按照造型与外观、动力与操控、舒适实用性、安全性、智能化与先进科技以及性价比六个归纳方向进行。

（2）信息完整、准确，语言精练，重点突出。

（3）形成"汽车卖点归纳表"（表3-2）。

小资料

表3-2 某汽车企业产品卖点归纳表（节选）

归纳方向	涉及的配置点	卖点归纳
造型与外观	前照灯	以"中国舞狮"作为造型的灵感源泉，融合了中国文化（舞狮）的设计元素；饱满的前照灯造型别致，如同舞狮的双眼神采奕奕。狮眼大灯亮度达到国家标准的130%，扩大至少10%的视觉范围
	尾灯设计	与前照灯遥相呼应，组合尾灯将制动灯、倒车灯、后雾灯和转向信号灯巧妙整合
动力与操控	发动机	最新研制开发的双VVT-i（进、排气门智能正时可变控制系统）直列四缸发动机，进一步提高了转矩、输出功率和燃油经济性三项指标，实现了低转速、高转矩和低油耗、高功率的完美统一
	悬架	重新调校的麦弗逊前悬架和复合扭转梁式后悬架配有双筒充气式减振器，行驶时抗变形能力更强
舒适实用性	座椅	驾驶座椅具有6向电动调节功能，可实现椅背前后、上下高度、靠背角度及腰靠调节
	行李箱空间	拥有500L的超大行李箱容积，如果将后排座椅放倒，还可容纳大而长的笨重行李
安全性	安全气囊	配备了前排两级式双SRS[①]气囊、侧部SRS气囊及窗帘式SRS气囊。当车辆发生猛烈撞击时，气囊会迅速展开

(续)

归纳方向	涉及的配置点	卖点归纳
安全性	车身结构	高强度吸能式车身,在发生碰撞时,车身能够有效地吸收冲击能量,同时具有激光焊接车顶、激光焊接前纵梁和激光拼接板技术,是同级车中独有的先进加工工艺,可以有效提高车身强度
智能化与先进科技	智能化泊车系统	驻车/倒车测距雷达在停车时,通过车辆前方和车尾部的超声波传感器,自动侦测前后方障碍物,并在仪表板上以图示和声响方式来警告驾驶人与前后障碍物的距离
	互联网科技系统	可实现智能手机交互,并配有语音对话系统
性价比	超值性表现	本款车型的动力和转矩可实现 185kW/370N·m,是同价位车型中最高的

注:① SRS 代表辅助防护系统。

二、汽车产品卖点推介

汽车销售顾问在归纳了汽车产品卖点后,还只是完成了一部分工作内容,最重要的工作是如何将归纳好的汽车卖点信息传递给客户,让客户感受到汽车产品的魅力,从而激发客户的购买欲望。在实际工作中,常见的汽车产品卖点推介方法是 FAB 利益陈述法。

(一)FAB 利益陈述法的具体含义

FAB 利益陈述法是介绍产品卖点的一种简单、有效的方法,它在客户的需求与产品的卖点之间搭起了一座桥梁,将产品解说的重点由单纯的卖点转移到了客户的利益上,更加贴合对方的心理,更容易打动客户。

FAB 利益陈述法是将产品的特征(Features)表达清楚,从而引出该产品的优势和好处(Advantages),最终着眼于能给客户带来的利益(Benefits),如图 3-1 所示。

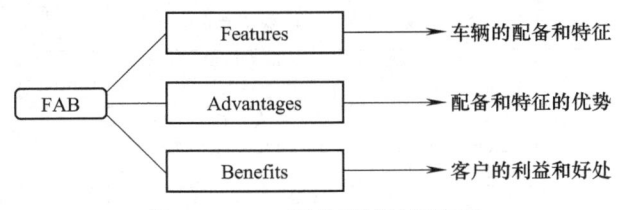

图 3-1 FAB 利益陈述法示意图

F 代表特征,是指所销售车辆的外观造型设计、配置、性能特征等事实状况。

A 代表优点,即特征(F)所列的商品特性究竟发挥了什么功能,针对产品特征带来的好处进行详细的说明。

B 代表客户的利益,是指产品的特征和好处能给客户带来哪些利益。通过强调客户得到的利益,引起客户的共鸣,激发客户的购买欲望。

【参考话术 3-2】"×先生,您的眼光真不错,我们这款车采用了同级别车独有的轻量化车身,轻质材料的应用,使这款车的车身比上代车身重量减轻 16kg,大量使用的高强度热成型钢材使其拥有更高的被动安全性。这是因为在正确的位置上正确地使用了正确的材料,使得车身更轻,让车辆拥有了更强的操控性和灵活性,以及更少的二氧化碳排放量。"

（二）FAB 利益陈述法在汽车销售中的应用

应用 FAB 利益陈述法时并不是将车辆所有的特征全部加以说明，而是根据客户的需求动机和所关心的利益，有针对性地对客户关心的特征加以强调。在描述客户利益时，要具体、准确，用词要有丰富的感情色彩，以客户的感觉为中心，充分调动客户的情感。

优秀的汽车销售顾问会巧妙地运用 FAB 利益陈述法，不把焦点集中在汽车的卖点上，而是将卖点落在客户的需求上，重点阐述汽车的利益与价值。每一款车都有许多较为独特的卖点，销售顾问可以在"汽车卖点归纳表"的基础上进一步整理，形成相应的 FAB 话术设计表，见表 3-3。

表 3-3 某汽车企业产品 FAB 话术设计表（节选）

归纳方向（客户关注点）	涉及的配置点（F）	卖点归纳（A）	客户利益（B）
造型与外观	前照灯	以"中国舞狮"作为造型的灵感源泉，融合了中国文化（舞狮）的设计元素；饱满的前照灯造型别致，如同舞狮的双眼神采奕奕。狮眼大灯亮度达到国家标准的 130%，扩大至少 10% 的视觉范围	独特的狮眼大灯让您的爱车充满个性，与众不同。狮眼大灯的亮度和扩大的视觉范围极大地提高了夜间行车安全
	尾灯设计	与前照灯遥相呼应，组合尾灯将制动灯、倒车灯、后雾灯和转向信号灯巧妙整合	尾灯设计造型独特美观，动感华丽
动力与操控	发动机	最新研制开发的双 VVT-i（进、排气门智能正时可变控制系统）直列四缸发动机，进一步提高了转矩、输出功率和燃油经济性三项指标，实现了低转速、高转矩和低油耗、高功率的完美统一	极大地提升了发动机的响应性，将每一份力量平顺地传导至部件深处，时刻保证强劲动力
	悬架	重新调校的麦弗逊前悬架和复合扭转梁式后悬架配有双筒充气式减振器，行驶时抗变形能力更强	即使路面千变万化，也具有十分出色的转向能力和贴地性。减振效果好，是舒适性与操控性的完美统一
舒适实用性	座椅	驾驶座椅具有 6 向电动调节功能，可实现椅背前后、上下高度、靠背角度及腰靠调节	不论您想采取哪种坐姿，都可轻松得到满足，舒适性极佳。即使是长时间驾驶，也不会感到疲劳
	行李箱空间	拥有 500L 的超大行李箱容积，如果将后排座椅放倒，还可纳大而长的笨重行李	非常适合您全家外出旅行或疯狂采购时放置物品的需求
安全性	安全气囊	配备了前排两级式双 SRS 气囊、侧部 SRS 气囊和窗帘式 SRS 气囊。当车辆发生猛烈撞击时，气囊会迅速展开	对驾乘人员提供最大程度的保护
	车身结构	高强度吸能式车身，在发生碰撞时，车身能够有效地吸收冲击能量，同时具有激光焊接车顶、激光焊接前纵梁和激光拼接板技术，是同级车中独有的先进加工工艺，可以有效提高车身强度	在发生危险时为双方带来周全的安全保障；是同级车中独有的先进加工工艺，可以有效提高车身强度，增加安全性
智能化与先进科技	智能化泊车系统	驻车/倒车测距雷达在停车时，通过车辆前方和车尾部的超声波传感器，自动侦测前后方障碍物，并在仪表板上以图示和声响方式来警告驾驶人与前后障碍物的距离	极大地提高了您停车的安全性和便利性
	互联网科技系统	可实现智能手机交互，并配有语音对话系统	为您提供更贴近生活的体验，将智能手机中的 APP 完美带入车辆；语音对话系统使您摆脱互联网束缚，更智能，保证行车安全，提供便捷体验
性价比	超值性表现	本款车型的动力和转矩可实现 185kW/370N·m，是同价位车型中最高的	同样的价格，更好的动力，这款车的确是目前市场中性价比最高的一款

（三）应用 FAB 利益陈述法的注意事项

（1）要求销售顾问对汽车产品的相关知识有充分的了解。
（2）一定要根据客户的需求，对客户所关心的利益重点加以强调。
（3）适时赞美客户。
（4）语言简洁流畅，重点突出。

任务实施

步骤 1　拟订任务实施计划

在正式实施"汽车产品卖点归纳与推介"工作任务之前，可以按照"任务知识"进行工作步骤要点梳理及话术设计，完成表 3-4。

表 3-4　"汽车产品卖点归纳与推介"工作步骤要点梳理及话术设计

工作步骤（客户关注点）	涉及的配置点（F）	卖点归纳（A）	FAB 话术设计（B）
造型与外观	整体造型		
	车身颜色		
	前照灯		
	进气格栅		
	腰线		
	尾灯设计		
	内饰设计		
动力与操控	发动机		
	变速器		
	悬架		
舒适实用性	车内空间		
	音响系统		
	空调系统		
	座椅		
	行李箱空间		
安全性	安全气囊		
	车身结构		
	ABS+EBD		
	ESP		
	BA		
	安全碰撞测试		
智能化与先进科技	智能化泊车系统		
	互联网科技系统		
性价比	超值性表现		

步骤 2　按计划进行演练

拟订任务实施计划后，小组成员可以在组内寻找搭档，进行"汽车产品卖点归纳与推介"工作任务演练，并按照表 3-5 进行观察记录。

步骤 3　根据演练情况，修订任务计划

演练结束后，可以根据观察记录情况，对拟订的任务计划进行修订，以确保任务顺利完成。

步骤4　正式完成任务

完成工作计划修订后，可按照修订后的任务计划正式完成"汽车产品卖点归纳与推介"任务，并按照表3-5进行评分。

表3-5　销售顾问"汽车产品卖点归纳与推介"工作过程观察评价表

任务	观察及评价项目	步骤2观察记录		步骤4评分			
		是	否	评价分值	自评分（10%）	互评分（30%）	教师评分（60%）
汽车产品卖点归纳与推介	正确理解任务要求，资料收集丰富，信息量大			10分			
	各方面的汽车配置卖点归纳准确，语言精练，条理清晰			10分			
	准确使用FAB利益陈述法进行造型与外观的卖点推介			10分			
	准确使用FAB利益陈述法进行动力与操控的卖点推介			10分			
	准确使用FAB利益陈述法进行舒适实用性的卖点推介			10分			
	准确使用FAB利益陈述法进行安全性的卖点推介			10分			
	准确使用FAB利益陈述法进行性价比的卖点推介			10分			
	准确使用FAB利益陈述法进行智能化的卖点推介			10分			
职业素养	能够灵活运用计划内容进行演练			10分			
	仪态自然，大方；语言清晰，语速、语音、语调适中			5分			
	工位整洁干净，文件摆放有序			5分			
小　计							
总评分（自评分×10%+互评平均分×30%+教师评分×60%）							

任务评价

"汽车产品卖点归纳与推介"任务评价见表3-6。

表3-6　学习任务1"汽车产品卖点归纳与推介"评价表

评价方式	评价项目	是	否
个人评价	通过互联网、市场调研等各种渠道获取汽车产品卖点归纳工作的相关信息，并主动咨询信息的可靠性		
	对汽车产品的卖点进行归纳，要求语言精练并重点突出		
	针对汽车产品的卖点，合理运用FAB利益陈述法进行介绍		
	与他人合作，进行有效沟通		
	遵守一体化课室6S管理规定，逐步养成良好的工作习惯，增强责任感		
小组评价	小组成员是否全部参与了计划策划及实施过程		
	小组成员是否具有团队意识，是否相互配合		
	小组成员沟通是否顺畅		
	小组成员能否自主学习并尊重他人		
	小组成员能否客观地自评与互评		
	小组成员是否服从教师安排		
	小组成员是否遵守6S管理规定，保证学习环境的干净整洁		

 任务拓展

　　FAB 利益陈述法是利益陈述的基础方法，在它的基础上，还有 FABE 介绍法和 QFABQ 介绍法，请查询资料，对比这两种方法的区别，并向班级其他同学展示。

任务 2　竞争车型比较

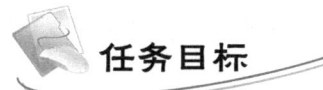 任务目标

　　1. 通过互联网、市场调研等各种渠道获取竞争车型比较工作的相关信息，并主动咨询信息的可靠性。
　　2. 寻找本品牌汽车产品的竞争车型。
　　3. 根据汽车产品的参数配置表，找出竞争车型之间的区别。
　　4. 分析本品牌汽车具有的优势和不足。
　　5. 设计话术，合理应对客户的竞品异议。
　　6. 与他人合作，进行有效沟通。
　　7. 遵守一体化课室 6S 管理规定，逐步养成良好的工作习惯，增强责任感。

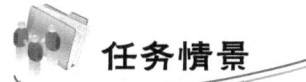 任务情景

1. 情景描述

　　经过一段时间的学习和锻炼，王平已经对本品牌旗下的车型卖点非常熟悉，面对客户也越来越有信心。某日，客户张斌夫妇又来看车，这一次他们是想把意向车型和其他品牌的同类车型进行一次仔细对比，为后面的购车决策提供依据。
　　客户："王平，你好。你也知道，我这次购车要兼顾家用和商用，车内空间一定要大，我看过××品牌的 B 车型，它的轴距比你们这款车长了 100mm，相比之下，那款车的车内空间更宽敞。"
　　王平："是吗？我还真不了解这个情况，不过我们这款车的空间已经很大了。"
　　客户："另外，你们这款车的外观太老气了，××品牌的 B 车型看上去更加年轻和动感。"
　　王平："不会呀，我们这款车的外观也很时尚啊！"
　　客户："××品牌的 B 车型配备了防爆轮胎，你们这款车没有，万一爆胎会很不安全。"
　　王平："也不会那么容易爆胎的，是小概率事件。"
　　客户："××品牌的 B 车型可以 4 年或 10 万 km 保修，你们为什么是 3 年或 10 万 km 保修？"
　　王平："我们一直是这么规定的。"
　　客户："还有一个最关键的问题，差不多的同类车型，××品牌的 B 车型比你们便宜 5000 元，你们的太贵了。"

王平:"一分钱,一分货。我们这款车虽然贵一些,但是贵有贵的道理啊!"

客户:"哦,那你说说看,你们的车到底好在哪里?"

王平:"……不好意思,我也不是特别了解××品牌的 B 车型,要不我请我们的销售经理给您介绍一下吧,好吗?"

……

2．任务要求

(1) 请以小组合作方式,讨论分析王平在进行此次车辆介绍过程中有哪些需要改进的地方。形成小组意见后,统一提交。

(2) 请以小组合作方式,任选车型,收集资料,完成下面的"汽车竞品对比表"(表 3-7),形成小组意见后,统一提交。

(3) 请与组内搭档合作,轮流以销售顾问的身份,根据"汽车竞品对比表"的相关内容,处理客户的竞品异议。

客户信息及竞品异议

张先生　年龄:40 岁左右　职业:移动通信设备代理商
竞品异议 1:产品异议——车内空间——舒适实用性 "××品牌的 B 车型,它的轴距比你们这款车长了 100mm,相比之下,那款车的车内空间更宽敞。"
竞品异议 2:产品异议——外观设计——造型与外观 "你们这款车的外观太老气了,××品牌的 B 车型看上去更加年轻和动感。"
竞品异议 3:产品异议——备胎——安全性 "××品牌的 B 车型配备了防爆轮胎,你们这款车没有,万一爆胎会很不安全。"
竞品异议 4:价格异议 "××品牌的 B 车型配置和你们差不多,但比你们便宜 5000 元。"
竞品异议 5:服务异议 "××品牌的 B 车型可以 4 年或 10 万 km 保修,你们为什么是 3 年或 10 万 km 保修?"

表 3-7　汽车竞品对比表

配　置	车　型		本品牌 A 车型	××品牌 B 车型
	价位			
车身尺寸及质量	长×宽×高/mm×mm×mm			
	轴距/mm			
	前后轮距/mm			
	整备质量/kg			
	行李箱容积/L			
动力系统	发动机型号			
	发动机形式			
	压缩比			
	排量/L			
	变速器形式			
	额定功率/[kW/(r/min)]			
	最大转矩/[N·m/(r/min)]			
	排放			
	最高车速/(km/h)			
	0～100km/h 加速时间/s			
	90km/h 等速油耗/(L/100km)			
	综合工况油耗/(L/100km)			

(续)

配置 \ 车型		本品牌 A 车型	××品牌 B 车型
行驶机构	前悬架		
	后悬架		
	制动系统		
	转向系统		
	轮胎规格		
	最小转弯半径/m		
	最小离地间隙/(空载,mm)		
外观	电动天窗		
	前照灯		
	尾灯		
	车身可选颜色		
	内饰可选颜色		
安全	安全气囊		
	安全带未系提示		
	ABS+EBD		
	牵引力控制系统		
	制动辅助系统		
	车身稳定控制系统		
	发动机电子防盗		
	车内中控锁		
	遥控钥匙		
	儿童安全装置		
车内功能	座椅		
	方向盘		
	仪表盘		
	倒车雷达		
	多媒体配置		
	车窗及后视镜		
	空调		

任务知识

一、寻找竞品

在汽车销售过程中，如果客户开始在一些竞争品牌的车型中进行比较，说明客户的购车意向已经很强了，只是对本品牌的车型还没有形成完全的信心。因此，汽车销售顾问必须把自己所售车辆的竞争车型了解透彻,帮助客户进行合理的对比,突出表现所售车辆的优势所在和使用效果,从而促成销售。

在客户问到竞品车型之前,销售顾问需要提前做好准备工作,即找出市场上自己所售车型的竞争车型并加以分析。通常来说,销售顾问可以从以下几个方面来判断哪些车型是自己的竞品车型,见表3-8。

表3-8 竞品判别标准

判别标准	详细内容
车辆定位档次相同	高档、中档、低档车型 豪华型、普通型 由车型的品质、使用价值或功能、车型包装、价格四个要素确定
目标客户群体相同	目标客户相同,企业双方竞争的市场就相同 只有目标客户相同,才能引起竞争
价格趋同	市场零售价格接近的车型,才会成为竞争车型 市场零售价格不仅反映汽车的价值,也反映消费者的接受程度
销售区域相同	同档次同价位车型在同区域销售 同品牌同区域由不同销售网点销售
品牌价值相似	企业发展历史、品牌价值相似

二、竞品分析

(一)根据配置参数表,找出竞争车型之间的区别

竞品分析的第一步是根据各品牌汽车的配置参数表,找出竞争车型之间的区别(表3-9)。

 小资料

表3-9 某汽车企业竞品对比表(节选)

配置	车型	本品牌A车型	××品牌B车型
	价位	18.78万元	18.28万元
车身尺寸及质量	长×宽×高/mm×mm×mm	4930×1845×1470	4892×1850×1490
	轴距/mm	2775	2875
	前后轮距/mm	1585	1585
	整备质量/kg	1495	1459
	行李箱容积/L	512	516
动力系统	发动机型号	—	MR20DE
	发动机形式	直列四缸双顶置	直列四缸单顶置
	压缩比	10.6	10
	排量/L	2.0	2.0
	变速器形式	7档无级变速	无级变速
	额定功率/[kW/(r/min)]	114/5600	104/5600

(续)

配置		车型	本品牌A车型	××品牌B车型
动力系统		最大转矩/[N·m/(r/min)]	195/4000	190/4000
		排放	国Ⅳ（京Ⅴ）	国Ⅳ（京Ⅴ）
		最高车速/(km/h)	200	190
		0～100km/h 加速时间/s	11	11.9
		90km/h 等速油耗/(L/100km)	5	5.5
		综合工况油耗/(L/100km)	7	7.3
行驶机构		前悬架	麦弗逊式独立悬架	麦弗逊式独立悬架
		后悬架	多连杆式独立悬架	多连杆式独立悬架
		制动系统	通风盘式/盘式	通风盘式/盘式
		转向系统	电子液压助力转向	电子液压助力转向
		轮胎规格	前轮胎：215/60 R16 后轮胎：215/60 R16	前轮胎：215/55 R17 后轮胎：215/55 R17
		最小转弯半径/m	5.8	5.7
		最小离地间隙/(空载，mm)	100	142
外观		电动天窗	有	有
		前照灯	卤素大灯	卤素大灯
		车身可选颜色	太空银 珍珠白 奥夫特黑 丝缎银 探戈红 琥珀金	珠光白
		内饰可选颜色	深色内饰/浅色内饰	深色内饰/浅色内饰
安全		安全气囊	4气囊	6气囊
车内功能		座椅	8向电动座椅，前排座椅加热	—
		空调	自动空调	自动双区空调

（二）分析本品牌汽车具有的优势和不足

在"竞品对比表"的基础上，销售顾问应进一步将本品牌汽车与竞品相比，分析本品牌汽车具有的优势和不足之处，以便做好充分的准备，应对客户的竞品异议。如根据表3-9，该汽车企业的A车型在动力性、油耗、车身可选颜色以及座椅设计方面都具有优势。在车身尺寸、安全气囊、空调设计方面则不如竞品。

（三）合理应对客户的竞品异议

异议是指客户在购买产品的过程中产生的不明白的、不认同的、有疑义的、有顾虑的意见。它存在于见面交谈、初步接触、产品介绍、试乘试驾以及销售促成等每一个环节。汽车销售人员如果能准确地辨别并妥善处理这些异议，就可以及时消除客户的疑虑与顾忌，增强其购买信心和欲望，最终促使客户做出购买决策。

汽车消费者在购买汽车前，一般都会在几种品牌、几种车型中比较选择，价格比较是其中一个方面。为了在洽谈时处于主动地位，汽车销售人员对竞品的技术性能和价格等方面的内容要非常熟悉，掌握自己所销售的车型同竞品比较的优势和不足，总结出销售车型的主要卖点；同时，对销售车型不如竞品的地方不能视而不见或简单地加以掩饰，更不能诋毁竞品的质量和性能，可以利用 FAB 利益陈述法强调销售车型为客户可能带来的利益。

在应对竞品异议时，汽车销售人员既要谨慎评价，又要善用技巧，将客户的注意力和兴趣引导至有利于自己的一边。处理此类问题，既有禁忌，也有方法，具体来说就是"三不三要"。

1. 不诋毁攻击

销售顾问要尊重竞争对手，绝不无凭无据对竞品进行诋毁、攻击。

2. 不消极回避

客户主动询问竞品信息时，销售人员要积极应对，不能消极回避话题。

3. 不主动提及

销售顾问尽量不要主动提及竞争品牌，尤其是有竞争力的对手。

4. 要探明虚实

销售顾问在处理客户竞品异议时，不能急于处理，要先弄清楚两方面的信息：即客户对竞争车型的了解情况及印象如何；客户选车购车最关注的是什么。这既是对客户需求的挖掘，也是在为下一步的处理寻找切入点。

5. 要明褒暗贬

没有一款车是十全十美的，竞争车型也是一样，既有优点和特色，也有缺陷和劣势。"明褒暗贬"指的是对手较为明显的优点与特色要赞扬，更重要的是，要从客户最主要的需求点与关注点出发，找出对手在这方面的不足与缺陷，并将这些信息以暗示的方式传达给客户，这样做既给客户留下了公正客观的好印象，又让客户对竞争车型的好感与期望打了折扣。

6. 要点到即止

点到即止包含两方面的意思。

（1）对竞争车型的缺陷与劣势不要过分渲染，暗示到位即可。

（2）不能过多纠缠于竞争对手的话题，要适时地将话题转移到自己的产品上来。

【参考话术 3-3】

销售顾问："×先生，您说的××品牌新推出的 B 车型，的确不错，那款车外型非常前卫、时尚，起步很稳，提速很快，瞬间就能爆发出强劲的动力。我有一位客户也看上了那一款，但最后还是没定下来。"

客户："为什么呢？"

销售顾问："他和您一样也是做生意的，经常要开车接送或者拜访客户，他觉得那款车的外型过于奔放、张扬，安全配置不太高，平时自己用还不错，但是商务用的话有一些不合适。"

客户："哦……原来是这样。"

销售顾问："×先生，有句话叫'人如其车，车如其人'，外型沉稳内敛，内饰高贵雅致，动力强健稳定,安全有所保障,我想,这样的商务车才更适合作为您工作的有力助手,您说是这样吗?"

任务实施

步骤1　拟订任务实施计划

在正式实施"竞争车型比较"工作任务之前,可以按照"任务知识"进行工作步骤要点梳理及话术设计,完成表3-10。

表3-10　"竞争车型比较"工作步骤要点梳理及话术设计

配　置	车　型	本品牌A车型	××品牌B车型	本品牌A车型优劣势总结话术	××品牌B车型优劣势总结话术
价位				优势话术	优势话术
车身尺寸及质量	长×宽×高/mm×mm×mm				
	轴距/mm				
	前后轮距/mm				
	整备质量/kg				
	行李箱容积/L				
动力系统	发动机型号				
	发动机形式				
	压缩比				
	排量/L				
	变速器形式				
	额定功率/[kW/(r/min)]				
	最大转矩/[N·m/(r/min)]				
	排放				
	最高车速/(km/h)				
	0~100km/h加速时间/s				
	90km/h等速油耗(L/100km)				
	综合工况油耗(L/100km)				
行驶机构	前悬架			劣势话术	劣势话术
	后悬架				
	制动系统				
	转向系统				
	轮胎规格				
	最小转弯半径/m				
	最小离地间隙(空载)/mm				
外观	电动天窗				
	前照灯				
	尾灯				
	车身可选颜色				
	内饰可选颜色				

（续）

配置 \ 车型		本品牌 A 车型	××品牌 B 车型	本品牌 A 车型优劣势总结话术	××品牌 B 车型优劣势总结话术
安全	安全气囊				
	安全带未系提示				
	ABS+EBD				
	牵引力控制系统				
	制动辅助系统				
	车身稳定控制系统				
	发动机电子防盗				
	车内中控锁				
	遥控钥匙				
	儿童安全装置				
车内功能	座椅				
	方向盘				
	仪表盘				
	倒车雷达				
	多媒体配置				
	车窗及后视镜				
	空调				
客户竞品异议应对话术设计					
异议 1："××品牌的 B 车型，它的轴距比你们这款车长了 100mm，相比之下，那款车的车内空间更宽敞。"		应对话术			
异议 2："你们这款车的外观太老气了，××品牌的 B 车型看上去更加年轻和动感。"		应对话术			
异议 3："××品牌的 B 车型配备了防爆轮胎，你们这款车没有，万一爆胎会很不安全。"		应对话术			
异议 4："××品牌的 B 车型配置和你们差不多，但比你们便宜 5000 元。"		应对话术			
异议 5："××品牌的 B 车型可以 4 年或 10 万 km 保修，你们为什么是 3 年或 10 万 km 保修？"		应对话术			

步骤 2　按计划进行演练

拟订任务实施计划后，小组成员可以在组内寻找搭档，按照表 3-10 所设计的话术进行任务演练，并按照表 3-11 进行观察记录。

步骤 3　根据演练情况，修订任务计划

演练结束后，可以根据观察记录情况，对拟订的任务计划进行修订，以确保任务顺利完成。

步骤 4　正式完成任务

完成工作计划修订后，可按照修订后的计划正式完成"竞争车型比较"任务，并按照表 3-11 进行评分。

表 3-11　销售顾问"竞争车型比较"工作过程观察评价表

任　　务	观察及评价项目	步骤 2 观察记录		步骤 4 评分			
		是	否	评价分值	自评分（10%）	互评分（30%）	教师评分（60%）
竞争车型比较	找到竞争车型，并利用各种渠道收集其信息，信息完整准确			10 分			
	完成"汽车竞品对比表"，内容准确			15 分			
	在"汽车竞品对比表"的基础上，总结出本品牌车型与竞争车型的优劣势话术			15 分			
	仔细聆听客户的竞品异议，并正确理解客户异议			10 分			
	运用所学知识合理应对客户异议，妥善安抚好客户的情绪			15 分			
	对客户异议所做的解释能够令客户满意，并进一步激发客户的兴趣			15 分			
职业素养	能够灵活运用计划内容进行演练			10 分			
	仪态自然，大方；语言清晰，语速、语音、语调适中			5 分			
	工位整洁干净，文件摆放有序			5 分			
小　　计							
总评分（自评分×10%+互评平均分×30%+教师评分×60%）							

任务评价

"竞争车型比较"任务评价见表 3-12。

表 3-12　学习任务 2 "竞争车型比较"评价表

评价方式	评价项目	是	否
个人评价	通过互联网、市场调研等各种渠道获取竞争车型比较工作的相关信息，并主动咨询信息的可靠性		
	寻找本品牌汽车产品的竞争车型		
	根据汽车产品的参数配置表，找出竞争车型之间的区别		
	将本品牌汽车与竞争车型相比，分析出本品牌汽车具有的优势和不足		
	设计话术，合理应对客户的竞品异议		
	与他人合作，进行有效沟通		
	遵守一体化课室 6S 管理规定，逐步养成良好的工作习惯，增强责任感		
小组评价	小组成员是否全部参与了计划策划及实施过程		
	小组成员是否具有团队意识，是否相互配合		
	小组成员沟通是否顺畅		
	小组成员能否自主学习并尊重他人		
	小组成员能否客观地自评与互评		
	小组成员是否服从教师安排		
	小组成员是否遵守 6S 管理规定，保证学习环境的干净整洁		

 **任务拓展**

1．在产品介绍过程中客户会有异议，在报价洽谈、售后服务等销售环节中，客户还会提出哪些异议？

2．我们已经完成了汽车卖点归纳与推介、竞争车型比较两个学习任务，在汽车产品推介过程中，还有哪些方法可以使用？

任务3 六方位绕车推介

 任务目标

1．通过互联网、市场调研等各种渠道获取六方位绕车推介工作的相关信息，并主动咨询信息的可靠性。

2．清晰描述六方位绕车法中的各个方位以及各方位推介重点。

3．完成车辆的六方位绕车推介，使客户对车辆有比较全面的了解，进一步激发客户的购买欲望和试驾兴趣。

4．与他人合作，进行有效沟通。

5．遵守一体化课室6S管理规定，逐步养成良好的工作习惯，增强责任感。

 任务情景

1．情景描述

通过王平的卖点归纳与推介和竞争车型异议处理，客户张先生似乎更加喜欢本店的意向车型了，他要求王平从整体上帮他介绍一下这辆车，让他有一个更加全面和深入的了解。王平很高兴地答应了客户的要求。

2．任务要求

（1）请以小组合作方式，讨论分析王平可以怎样进行此次的车辆推介，有哪些需要注意的地方。形成小组意见后，统一提交。

（2）请与组内搭档合作，轮流以销售顾问的身份完成此次汽车产品推介任务。

 任务知识

一、六方位绕车推介法的含义

六方位绕车推介是一个比较规范的汽车产品展示流程。这种方法最早由奔驰汽车公司采用,后来被日本丰田汽车公司采用。目前,我国的进口车和合资品牌车辆的销售大多采用这种汽车展示和介绍的方法。

六方位绕车推介法是指销售顾问按顺序从六个方位向客户介绍车辆的特征、优势和客户利益的汽车介绍方法,如图 3-2 所示。在做六方位介绍时,需要结合前面所学的汽车卖点归纳与推介方法,除了介绍车辆配置和特点外,还要强调这些配置、特点能给客户带来的利益,并随时有效处理客户的竞品异议。

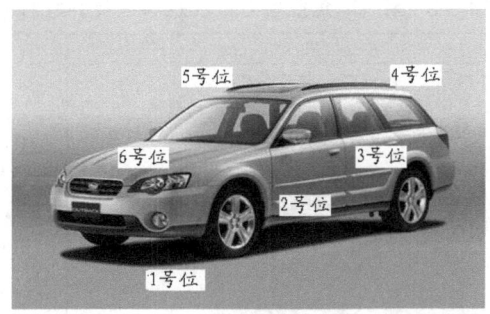

图 3-2　六方位绕车推介法示意图

二、六方位绕车推介法的应用

(一)六方位及重点介绍内容

六方位绕车推介法是指介绍时从车前方到发动机,刚好沿着整辆车绕了一圈,可以让汽车销售顾问把车的配置、性能等情况向客户做详细的说明和解释。这样的推介方法很容易让客户对车型产生深刻的印象。通常全程需要 30～40min,具体的时间长短视客户情况而定。其中,六方位及重点介绍内容见表 3-13。

表 3-13　六方位及重点介绍内容一览表

方　　位	重点介绍内容
1 号位:车头 45°角	车辆的整体造型与设计风格 腰线伸展 品牌、历史、荣誉、价值所在 前照灯、前进气格栅、保险杠、前风窗玻璃、刮水器、前方碰撞变形吸能区等
2 号位:前排驾驶座	驾驶的舒适性和操控性 电动车窗、中控开关、方向盘、仪表盘、变速器、座椅、内饰、安全带、安全气囊、空调、音响、照明灯等
3 号位:后排座	乘坐的空间及舒适性 安全带、内部空间尺寸、儿童安全锁、阅读灯、车窗按钮等
4 号位:车尾部	车尾部设计特色、行李箱 行李箱的储物空间、行李箱开启的便利性、后保险杠、排气管、尾灯设计、天线等
5 号位:车侧身	汽车的安全性、侧视效果、悬架系统 汽车侧面玻璃的开阔视野、后视镜、离地间隙、车长、轴距、车轮饰盖、车辆、轮胎、悬架、制动系统等
6 号位:发动机舱	发动机特点、动力性能 发动机经济性能、环保设计、制动系统、发动机舱布局、安全设施等

（二）各方位注意事项

各方位注意事项见表3-14。

 小资料

表3-14　某汽车企业各方位注意事项及参考话术

方　位	注意事项	参考话术
1号位：车头45°角	车辆左前照灯前80cm左右，面对客户 邀请客户在离车辆正前方45°角，2~3m的距离 局部介绍需五指并拢，手心向上引导察看，必要时可微微躬身	【参考话术3-4】"宽而低的车身造型、浑厚有力的造型设计，展现出高级紧凑型轿车的设计精髓。" 【参考话术3-5】"将远近光灯、示宽灯与转向信号灯三合为一的组合式前照灯，拥有外扩立体感的造型设计，照明效率更高，功能性更强，并可根据光线变化，自动点亮或熄灭，美感与实用性兼备。"
2号位：前排驾驶座	打开驾驶室车门，站在B柱位置前为客户介绍方向盘、变速器 请客户进入展车，销售顾问以标准蹲姿为客户操作座椅 蹲着或者在得到客户允许以后坐到副驾驶席继续介绍其他功能	【参考话术3-6】"三辐式带操控键的方向盘采用真皮包裹，握感时会给您极佳的触觉享受和细腻精致的体验。音响控制、蓝牙控制、声音识别控制按键全部集中于方向盘之上，让您在驾驶的同时就能轻松操控。"
3号位：后排座	销售顾问可在展车内或展车外介绍，但一定要邀约客户进入展车内参观。	【参考话术3-7】"采用与高级车座椅相同的设计理念，符合人体工学的舒适感受，乘坐空间宽敞，后排座椅安全锁和后车窗遮阳帘更能为您营造安心的乘坐环境。"
4号位：车尾部	销售顾问适合站在车辆左后方的位置进行介绍，距离车辆后保险杠50cm左右的距离 邀请客户在车辆右后方或正中的位置察看	【参考话术3-8】"起伏感的尾部造型，通过与前照灯遥相呼应的组合尾灯以及保险杠上配置的圆形后射镜的设计，诠释出跑车般的后部造型。"

(续)

方位	注意事项	参考话术
5号位：车侧身	介绍应在车辆侧面进行，将客户邀请至B柱外60～100cm的位置察看车辆	【参考话术3-9】"侧面采用了高腰线设计，凸现尊贵气质，可与高级车媲美。同时通过对车身表面和底盘的平整化设计，实现了超低风阻空气动力学性能，风阻系数仅为0.28，在同级车中最为优异。" 【参考话术3-10】"前麦弗逊、后拖曳臂式悬架系统，辅助以优异的高刚性车身结构设计，具备了稳定的直线行驶性能与转向性能和良好的噪声、振动阻隔效果，即使行驶在不良路面，也一样拥有上佳的乘坐舒适性。"
6号位：发动机舱	对等待的客户说："请稍等"，离开车辆前端来到驾驶室旁；打开车门，拉动发动机舱盖锁定释放杆；关上驾驶室门，返回车辆前端，用双手打开发动机舱盖	【参考话术3-11】"采用双VVT-i技术的直列四缸发动机，拥有凌驾于其他同级车之上的强劲动力性和较高的燃油经济性。"

（三）应用技巧

六方位绕车推介是汽车销售中常见的介绍方法，使用过程中要适当运用一些技巧，以提升产品推介的效果。

（1）遵循方位顺序流程。
（2）根据客户聆听、互动、移动的情况随时弹性调整介绍内容或跳跃介绍。
（3）恰当使用引导手势，选择合理的站位位置。
（4）简明生动地介绍每一个特色功能。
（5）介绍过程中保持探询，以满足客户需求为目的。
（6）抓住几个关键卖点，避免重复说明。
（7）保留客户观赏与发问时间。

任务实施

步骤1　拟订任务实施计划

在正式实施"六方位绕车推介"工作任务之前，可以按照"任务知识"进行工作步骤要点梳理及话术设计，完成表3-15。

表3-15 "六方位绕车推介"工作步骤要点梳理及话术设计

工作步骤	步骤要点	话术设计
1号位：车头45°角		
2号位：前排驾驶座		
3号位：后排座		
4号位：车尾部		
5号位：车侧身		
6号位：发动机舱		

步骤2　按计划进行演练

拟订任务实施计划后，小组成员可以在组内寻找搭档，进行演练，并按照表3-16进行观察记录。

步骤3　根据演练情况，修订任务计划

演练结束后，可以根据观察记录情况，对拟订的任务计划进行修订，以确保工作任务顺利完成。

步骤4　正式完成任务

完成工作计划修订后，可按照修订后的计划正式完成"六方位绕车推介"任务，并按照表3-16进行评分。

表3-16 销售顾问"六方位绕车推介"工作过程观察评价表

任务	观察及评价项目	步骤2观察记录		步骤4评分			
		是	否	评价分值	自评分（10%）	互评分（30%）	教师评分（60%）
六方位绕车推介	遵循方位顺序流程			5分			
	根据客户聆听、互动、移动的情况随时弹性调整介绍内容或跳跃介绍			15分			
	有效采用提问和倾听技巧，深度挖掘客户需求			10分			
	有效将汽车卖点归纳与推介方法、六方位绕车法以及处理客户竞品异议相结合			15分			
	汽车产品介绍准确流畅，重点突出，抓住几个关键卖点，避免重复说明			10分			
	简明生动地介绍每一个特色功能			10分			
	恰当使用引导手势，站立位置合适，适时赞美客户			10分			
	保留客户观赏与发问时间			5分			
职业素养	能够灵活运用计划内容进行演练			10分			
	仪态自然，大方；语言清晰，语速、语音、语调适中			5分			
	工位整洁干净，文件摆放有序			5分			
	小　　计						
	总评分（自评分×10%+互评平均分×30%+教师评分×60%）						

"六方位绕车推介"任务评价见表3-17。

表3-17 学习任务3"六方位绕车推介"评价表

评价方式	评价项目	是	否
个人评价	通过互联网、市场调研等各种渠道获取六方位绕车推介工作的相关信息,并主动咨询信息的可靠性		
	清晰描述六方位绕车法中的各个方位以及各方位推介重点		
	完成车辆的六方位绕车推介,使客户对车辆有比较全面的了解,进一步激发客户的购买欲望和试驾兴趣		
	与他人合作,进行有效沟通		
	遵守一体化课室6S管理规定,逐步养成良好的工作习惯,增强责任感		
小组评价	小组成员是否全部参与了计划策划及实施过程		
	小组成员是否具有团队意识,是否相互配合		
	小组成员沟通是否顺畅		
	小组成员能否自主学习并尊重他人		
	小组成员能否客观地自评与互评		
	小组成员是否服从教师安排		
	小组成员是否遵守6S管理规定,保证学习环境的干净整洁		

任务拓展

1. 在运用六方位绕车法进行汽车产品介绍时,要进一步发掘客户需求,应当注重哪几个方面?
2. 在运用六方位绕车法进行汽车产品介绍的基础上,如何更进一步地合理运用FAB利益陈述法来激发客户的兴趣?

基础知识训练

一、填空题

1. 汽车产品的卖点是指由相关人员进行的关于汽车产品优势的总结、概括及赋予价值,因此卖点必须符合_____的需求。
2. 对汽车产品的卖点进行归纳,通常可以从六个方面进行,分别是造型与外观、动力与操控、_____、_____、智能化与先进科技以及_____。
3. 在实际工作中,常见的汽车产品卖点归纳与推介方法是_____。
4. 优秀的汽车销售顾问不会把焦点集中在汽车的卖点上,而是将卖点落在客户的需求上,重点阐述汽车的_____与_____。

5. 汽车销售人员既要谨慎评价，又要善用技巧，将客户的_____和_____引导至有利于自己产品的一边。

6. FAB利益陈述法是将产品的_____表达清楚，从而引出该产品的_____和好处，最终着眼于能给客户带来的_____。

7. 对竞争车型的缺陷与劣势不要过分渲染，_____到位即可。

8. 六方位绕车推介时，应先从车辆的_____开始介绍，除了车辆配置和特点以外，还要强调这些配置、特点能给客户带来的_____，并随时有效处理客户的_____。

二、不定项选择题（每题有一个或多个答案正确）

1. 下面（　　）卖点是属于安全性的。
   A. SRS气囊　　　　　　　　　B. 倒车雷达
   C. 吸能式车身　　　　　　　　D. 超大行李箱

2. 以下选项属于FAB利益陈述法的有（　　）。
   A. 特征　　　　　　　　　　　B. 优势
   C. 利益　　　　　　　　　　　D. 证据

3. 销售顾问可以根据以下（　　）方面来判断自己的竞品车型。
   A. 目标客户群体相同　　　　　B. 销售区域相同
   C. 品牌价值相似　　　　　　　D. 车辆定位档次相同

4. 在汽车销售中常用的方法有（　　）。
   A. 整车销售法　　　　　　　　B. FBA利益陈述法
   C. 五方位介绍法　　　　　　　D. 重点介绍销售法

5. 在应对竞品异议时，既有禁忌，也有方法，下列属于正确应对方法的是（　　）。
   A. 要尊重竞争对手，绝不无凭无据对竞品进行诋毁、攻击
   B. 对于竞争对手的话题，要尽量解释到位
   C. 不要主动提及竞争品牌，尤其是有竞争力的对手
   D. 对于客户主动询问竞品信息的情况，销售人员有时可回避话题

6. 下列说法不正确的有（　　）。
   A. 销售顾问在处理客户竞品异议时，不能急于处理，要先弄清楚两方面的信息
   B. 对手较为明显的优点与特色要尽量避开
   C. 要从客户最主要的需求点与关注点出发，找出对手在这方面的不足与缺陷
   D. 汽车销售人员对竞品的技术性能和价格等方面的内容要非常熟悉

7. 下列不属于汽车动力系统的是（　　）。
   A. 发动机排量　　　　　　　　B. 压缩比
   C. 最大转矩　　　　　　　　　D. 转向系统

8. 六方位绕车推介法要适当运用以下（　　）技巧。
   A. 遵循方位顺序流程
   B. 简明生动地介绍每一个特色功能
   C. 抓住几个关键卖点，避免重复说明
   D. 保留客户观赏的时间，但尽量避免客户发问

三、判断题

1. 汽车的内饰设计可以归纳于汽车造型与外观这一卖点。（ ）
2. 汽车产品卖点的归纳是按照造型与外观、动力与操控、舒适实用性、安全性、智能化与先进科技以及性价比六个归纳方向进行的。（ ）
3. 在应用 FAB 法进行车辆介绍时，是要将车辆所有的特征全部加以说明，以确保客户能明晰车辆。（ ）
4. 拥有 500L 的超大行李箱容积这一配置特征，是车辆造型与外观性能的体现。（ ）
5. 汽车车身稳定控制系统是属于车辆安全性能的配置。（ ）
6. 在客户问到竞品车型之前，销售顾问应该要提前做好准备工作，并对竞品车型进行分析。（ ）
7. 对销售车型不如竞品的地方，销售人员不能视而不见或简单地加以掩饰。（ ）
8. 做六方位介绍时，不需要结合前面所学的汽车卖点归纳与推介方法，只要强调这些配置、特点能给客户带来的好处即可。（ ）

四、简答题

1. 请简述汽车卖点的归纳方法。
2. 请简述竞品车型异议的处理方法。
3. 请分别简述 FAB 利益陈述法与六方位绕车法的含义并举例说明。

五、情景模拟题

情景 1 客户在看车时反应冷淡

☐ 实战情景

一位客户来到展厅看车，销售人员很热情地接待客户，并不断地向客户推介，但客户从始至终都反应冷淡，甚至都没有任何表示。

【问题】你面对这样的客户时，应该怎么做？

☐ 情景分析及应对

_____
_____

情景 2 如何评价竞品车型

☐ 实战情景

在汽车销售过程中，难免会遇到与竞品车型的对比，作为销售顾问，该如何评价竞品车型是一个难题。

【问题】作为一名销售顾问，你该如何评价竞品车型？

☐ 情景分析及应对

_____
_____

学习情境四　试乘试驾

学习情境描述

在顺利完成了汽车产品推介的工作任务之后，王平开始尝试开展试乘试驾工作。通过销售经理的讲解，王平明白了试乘试驾工作分为准备和实施两个环节。接下来，王平需要学习试乘试驾准备及实施的工作流程与要求，并按要求熟练开展试乘试驾工作。

学习目标

1. 能按照试乘试驾准备工作的流程及规范要求，完成试乘试驾准备工作。
2. 能够清晰表述试乘试驾实施工作流程及规范要求，能够根据试乘试驾实施过程中的具体情况设计相应话术。

学习任务

建议学时

6学时。

任务1 试乘试驾准备

 **任务目标**

1. 通过互联网、市场调研等各种渠道获取试乘试驾准备工作的相关信息,并主动咨询信息的可靠性。
2. 清晰表述试乘试驾准备工作的流程及工作规范要求。
3. 熟练运用试乘试驾邀约话术等技巧,按要求完成试乘试驾准备任务。
4. 与他人合作,进行有效沟通。
5. 遵守一体化课室6S管理规定,逐步养成良好的工作习惯,增强责任感。

 任务情景

1. 情景描述

客户张斌夫妇一起来店看车,通过销售顾问王平的介绍,他们对展厅中的一款车型比较中意,销售顾问王平抓住时机,主动邀请张斌夫妇进行试乘试驾,客户也欣然接受了。销售顾问王平随即为这次试乘试驾准备资料和车辆,并办理好相关手续。

2. 任务要求

(1)请以小组合作方式,讨论分析王平在陪同客户进行试乘试驾前,需要做好哪些准备工作。形成小组意见后,统一提交。

(2)请与组内搭档合作,轮流以销售顾问的身份完成此次试乘试驾准备工作任务。

 任务知识

试乘试驾是车辆展示过程中最具有说服力的方法之一,也是汽车销售顾问工作环节中必不可少的环节。通过试乘试驾服务,让客户具有对车辆的实际驾乘体验,使客户更进一步深入了解车辆的具体性能,建立客户的购买信心。同时,也可以和客户再次沟通,了解客户对产品的需求,从而进行进一步的销售工作。全面而细致地开展试乘试驾准备工作,则是发挥试乘试驾作用和促进销售的关键步骤。

一、试乘试驾的含义

试乘是指由经销商指定的人员来驾驶指定的汽车供客户乘坐。

试驾是指客户在经销商指定人员的陪同下,沿着指定的路线驾驶指定的车辆,从而了解这款汽车的行驶性能和操控性能等。

二、试乘试驾准备工作流程

试乘试驾准备工作流程如图 4-1 所示。

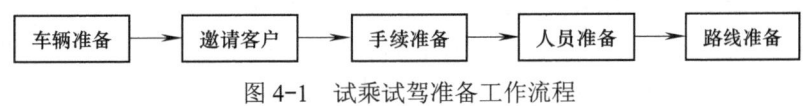

图 4-1 试乘试驾准备工作流程

三、试乘试驾准备工作规范要求及参考话术

（一）车辆准备

（1）试乘试驾车内外保持干净、整洁，无破损，无异味，必须将车内所有可以移动发出声响的物品移除，以确保在行驶时不会发出异响。车内不能放有私人物品，并且车辆的内部放置原厂脚垫，导航系统要定期更新。

（2）试乘试驾车证、照、保险齐全。

（3）试乘试驾车辆油量至少为二分之一，同时车上必须常备试音碟。

（4）严格按要求定期对试乘试驾车辆进行车辆的保养及维护，并填写"试乘试驾车辆检查表"（表 4-1），确保车辆运行状态良好。

（5）每次试乘试驾车使用后要及时将常用设施（座椅、方向盘、音响等）恢复到使用前的状态。

表 4-1 试乘试驾车辆检查表

检查人员：	检查时间： 年 月 日	
检查项目	选项	备注
仪表盘功能是否正常	是（ ） 否（ ）	
是否有足够的汽油（30L）	是（ ） 否（ ）	
车内外是否整洁、干净	是（ ） 否（ ）	
脚垫是否放置正确	是（ ） 否（ ）	
胎压是否合格	是（ ） 否（ ）	
轮胎是否磨损	是（ ） 否（ ）	
是否超过保养期	是（ ） 否（ ）	
空调是否正常	是（ ） 否（ ）	
音响调控是否正常	是（ ） 否（ ）	
五油三水是否正常	是（ ） 否（ ）	
证照是否齐全，车险是否齐全且有效	是（ ） 否（ ）	
备胎是否正常	是（ ） 否（ ）	
随车工具是否齐全	是（ ） 否（ ）	

（二）邀请客户

在完成产品介绍后，销售顾问主动邀请客户进行试乘试驾，可以加深客户对目标车型的了解，也是促进销售的最好方法。

【参考话术 4-1】"×先生/女士，刚才我已经简单地向您介绍了车辆的性能和配备特点；不过，买车只靠看和听就做决定是不够的，买车是一件大事情！因此，在您做决定之前，我建议您先做一个试乘试驾，亲身感受一下车开起来到底怎么样。"

【参考话术 4-2】"×先生/女士，其实买车主要看外观、动力操控、舒适、安全和经济性这五个方面，一定要开过以后才能体会到它的好处，如果想真正了解这款车的话，我建议您做一个试乘试驾。如果您愿意的话，我马上就可以为您安排。"

【参考话术 4-3】"×先生/女士，这两款车都各有特点，光听我介绍肯定不如您自己感受一下来得真实，您看有时间吗？我帮您安排一下试乘试驾吧。"

（三）手续准备

在试乘试驾前核实客户"驾驶证"并签订"试乘试驾协议书"（图 4-2），能起到责任明确，规避风险的作用，也使客户充分认识试乘试驾过程中安全驾驶的重要性。

（1）请客户出示驾驶证件进行登记并复印。仔细核实驾驶证的发证机关、有效期、准驾车型（C1 及 C1 以上）、驾龄（一年或一年以上）。

（2）请客户填写"试乘试驾协议书"，提醒客户写明驾驶证号、联系人、电话号码、时间等信息。并告知客户试乘试驾结束后请协助填写"试乘试驾信息反馈表"。

试乘试驾协议书

本人于____年__月__日在_____自愿参加试乘试驾活动，在此提供如下个人信息，并做如下陈述与声明：

1. 本人保证在试乘试驾过程中，将严格遵守交通法规以及本次试乘试驾活动要求；完全服从经销店的指挥和安排、安全、文明驾驶。
2. 如因本人违背上述声明或者非所驾车辆之瑕疵的其他原因给本人或他人造成了人身伤害或损失；给所试驾车辆造成了损失；给其他车辆或道路、场地等设施造成损失的，全部损失将皆由本人承担全部责任，与经销商与无。
3. 本人所提供的驾驶执照和身份证等一切证件为真实、有效；若有虚假，本人独自承担一切责任和后果。
4. 在试驾过程中，如道路或其他原因使试驾车存在危险，工作人员可根据实际情况随时终止此次试驾，敬请谅解！

【试乘试驾人已阅读并理解以上内容】

试乘驾人姓名：_____ 试驾车型_____ ◇试乘　◇试驾
身份证号码：_____ 陪同顾问_____
驾驶证号码：_____ 初次领证日期：_____
联系电话：_____ 试乘驾人签名及日期：_____
联系地址：_____
试驾线路选择：

◇线路一

◇线路二

图 4-2　试乘试驾协议书

【参考话术 4-4】"×先生/女士，麻烦您出示一下驾驶证，我去给您复印一下，请稍等 2min，复印后马上回来。"

【参考话术 4-5】"×先生/女士，这份是"试乘试驾协议书"，主要是对双方有一个约束，没有其他意思，请您放心，请您仔细阅读后在这里签名，谢谢。"

（四）人员准备

（1）进行试乘试驾工作的销售顾问必须具有合法的驾驶执照；一年以上驾龄、驾驶技术熟练、熟习产品知识。

（2）若销售顾问不具备驾驶执照或技术不熟练，则请其他合格的销售顾问或试乘试驾专员进行试乘试驾，自己陪同。

（五）路线准备

销售顾问应引导客户观看"试乘试驾线路图"（图4-3），考虑到客户的需求，并展现车辆的性能。试乘试驾的路线一般为5~8km，包括：较长的、车辆和行人较少的直线；爬坡路段和弯道，避免建筑工地和交通拥挤的地方。在试乘试驾前向客户说明试驾路线、全程大概交通状况及所需的时间，并提醒客户试乘试驾中注意的要点，严格遵守路线图指示。

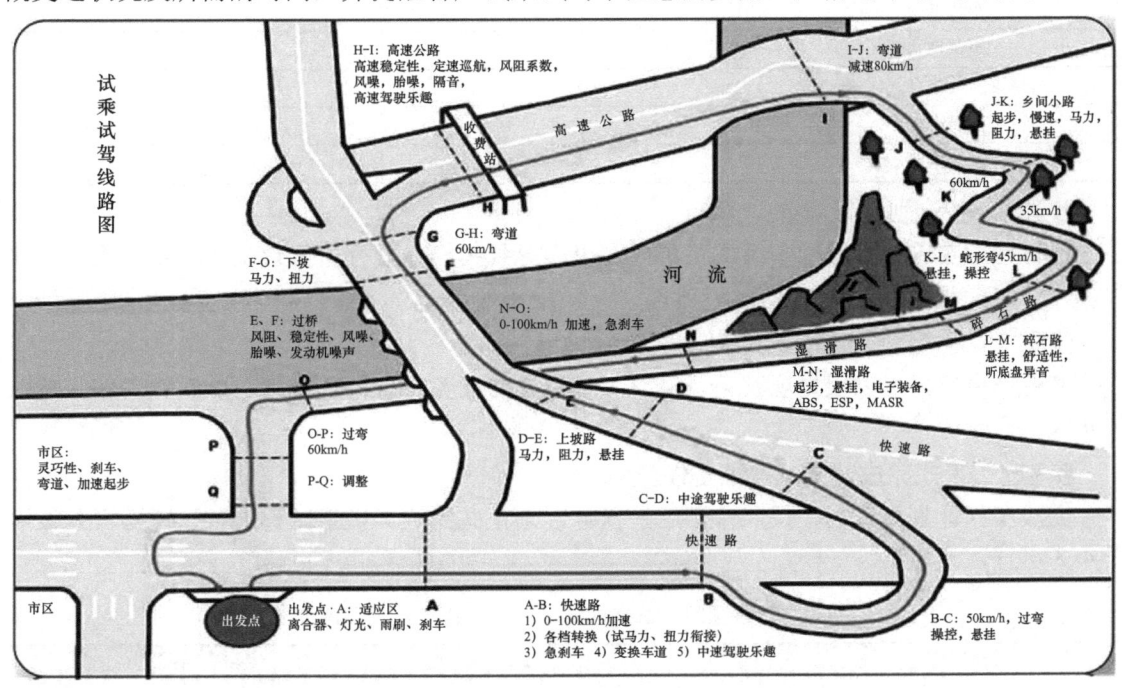

图4-3　试乘试驾线路图

【参考话术4-6】"×先生/女士，为了能让您更好地，更全面地、更具体地体验车辆性能，我们为您安排的试乘试驾体验时间为20min，先试乘后试驾。"

【参考话术4-7】"×先生/女士，您看，这是我们为您提供的试乘试驾路线，主要体验车辆操控性、制动安全性和驾驶的舒适性。"

 销售小技巧

1. 在遇到不符合试驾条件又非常想试车的客户时，汽车销售顾问最重要的任务是安抚客户的情绪，并在可行范围内采取合适的变通方法。

【参考话术4-8】"×先生/女士，看来您真的是很喜欢这款车。但是公司规定没有驾照的客户是不能上路试驾的，这也是为了您的安全着想。一看您就是通情达理的人，我相信您一定能够理解这一点。要不由我来驾车，带您去转转，感受一下车辆的性能，您看好吗？"

2. 客户对店里安排的试乘试驾路线有异议时，销售顾问应耐心解释，不要轻易放弃自己熟悉并有把握的路线。

任务实施

步骤1　拟订任务实施计划

按照"任务知识"中的相关内容进行工作步骤要点梳理及话术设计,完成表4-2。

表4-2　"试乘试驾准备"工作步骤要点梳理及话术设计

工 作 步 骤	步 骤 要 点	话 术 设 计
车辆准备		—
邀请客户		
手续准备		
人员准备		—
路线准备		

步骤2　按计划进行演练

拟订任务实施计划后,小组成员可以在组内寻找搭档,进行"试乘试驾准备"工作的演练,并按照表4-3进行观察记录。

步骤3　根据演练情况,修订任务计划

演练结束后,可以根据观察记录情况,对拟订的任务计划进行修订,以确保工作任务顺利完成。

步骤4　正式完成试乘试驾准备任务

完成工作计划修订后,按照修订后的任务计划正式完成"试乘试驾准备"任务,并按照表4-3进行评分。

表4-3　销售顾问"试乘试驾准备"工作过程观察评价表

任　务	观察及评价项目	步骤2观察记录		步骤4评分			
		是	否	评价分值	自评分(10%)	互评分(30%)	教师评分(60%)
试乘试驾准备工作	对试乘试驾车辆进行检查并填写"试乘试驾车辆检查表"			10分			
	对客户发出试乘试驾邀请			10分			
	仔细核实并复印客户驾驶证件			10分			
	请客户仔细阅读"试乘试驾协议书"条款,提醒填写内容			10分			
	告知客户试乘试驾结束时请协助填写意见表			10分			
	引导客户观看试乘试驾路线图			10分			
	向客户说明路线规划			10分			
	提醒客户试乘试驾中注意的要点,严格遵守路线图指示			10分			
职业素养	能够灵活运用计划内容进行演练			10分			
	仪态自然、大方;语言清晰,语速、语音、语调适中			5分			
	工位整洁干净,文件摆放有序			5分			
小　　计							
总评分(自评分×10%+互评平均分×30%+教师评分×60%)							

"试乘试驾准备"任务评价见表 4-4。

表 4-4 学习任务 1 "试乘试驾准备"评价表

评价方式	评价项目	是	否
个人评价	通过互联网、市场调研等各种渠道获取试乘试驾准备工作的相关信息,并主动咨询信息的可靠性		
	清晰表述试乘试驾准备工作的流程及工作规范要求		
	熟练运用试乘试驾邀约话术等技巧,按要求完成试乘试驾准备任务		
	与他人合作,进行有效沟通		
	遵守一体化课室 6S 管理规定,逐步养成良好的工作习惯,增强责任感		
小组评价	小组成员是否全部参与了计划策划及实施过程		
	小组成员是否具有团队意识,是否相互配合		
	小组成员沟通是否顺畅		
	小组成员能否自主学习并尊重他人		
	小组成员能否客观地自评与互评		
	小组成员是否服从教师安排		
	小组成员是否遵守 6S 管理规定,保证学习环境的干净整洁		

1. 如果邀请客户进行试乘试驾遭到抗拒,作为汽车销售顾问应该如何妥善处理呢?
2. 做好试乘试驾准备工作的目的是什么?

任务 2 试乘试驾实施

1. 通过互联网、市场调研等各种渠道获取试乘试驾实施工作的相关信息,并主动咨询信息的可靠性。
2. 清晰表述试乘试驾实施工作流程及工作规范要求。
3. 运用话术进行产品的静态展示和动态展示。
4. 运用引导客户体验性能优势的方法和技巧,并根据试乘试驾实施过程中的具体情况设计相应话术。
5. 与他人合作,进行有效沟通。
6. 遵守一体化课室 6S 管理规定,逐步养成良好的工作习惯,增强责任感。

1. 情景描述

销售顾问王平为客户张斌夫妇办理好试乘试驾手续后,与张斌夫妇一起进行了试乘试驾体验。先由销售顾问王平驾驶,并根据张先生的关注重点——舒适性与动力性,做静态和动态的介绍展示后,中途换由张斌先生试驾,销售顾问王平做适当的引路及试驾体验引导。

根据客户需求和车型特点,此次试乘试驾体验引导的重点项目如下:

(1)驾驶座位的乘坐感受。
(2)空调的温度和舒适度。
(3)驾驶中的动力性:体验起步和加速感。
(4)驾驶中的舒适性:体验悬架、高速过弯和制动性能。

2.任务要求

(1)请以小组合作方式,讨论分析静态展示和动态展示分别有哪些项目。形成小组意见后,统一提交。

(2)请与组内搭档合作,轮流以销售顾问的身份完成此次试乘试驾实施过程中的话术设计及演练。

任务知识

根据客户的需求及个性,及时提供试乘试驾,通过静态感受和动态驾驶可以让客户对汽车的动力性、安全性、操控性和经济性等各种性能有明确的认识,真实了解和感受汽车的各项性能,增加客户的购买信心,激发购买欲望,帮助客户做出明确的购买决定。

一、试乘试驾实施流程

试乘试驾实施流程如图 4-4 所示。

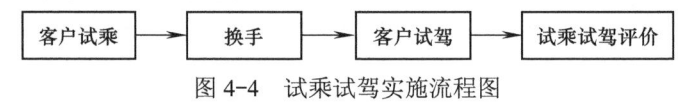

图 4-4 试乘试驾实施流程图

二、试乘试驾实施工作规范要求及参考话术

(一)客户试乘

销售顾问应在客户上车前 5min 发动车辆并打开空调,调到合适的温度;引领客户在副驾驶座和后座(多人)就座,并为客户调好座椅及提醒客户系好安全带。同时结合客户的购车需求以及车辆卖点,向客户说明试乘的体验重点。

(1)静态介绍:车内空间和布局展示,如空间宽敞,仪表台布局、显示鲜明,座椅、方向盘的调节便捷度,座椅、空调舒适度,体验音响效果等。

(2)动态介绍:车辆起动后,销售人员将车辆驶出专用停车区域,按既定路线展示正确的驾驶方式。此时进行动态介绍,指出车辆主要特性及优点。动态介绍重点:起步、加速、制动性、匀速、转弯等。

【参考话术 4-9】"×先生/女士,您这边请,慢点,我给您开门。您在展厅办理手续时,我的同事已经为您预先开启了空调,您觉得现在这个温度如何,需要再调整吗?"

【参考话术 4-10】"×先生/女士,我们这款车的人体工程学运动座椅高度调节范围可达 65mm、前后长度调节可达 280mm,包裹效果非常出众,我来帮您调整一下,您看合适吗?"

【参考话术 4-11】"×先生/女士,我们现在从 0 加速到 60km/h,加速既快,车身又很平稳、车内也很安静,让人感觉到十分舒适;因为我们这款发动机转速为 1200r/min 时就可以提供 240N·m,在 3200r/min 更达到了 270N·m,在较低转速就能持续提供强大的动力,也更省油。"

【参考话术 4-12】"×先生/女士,您看,我们这款车上坡一点都不吃力,也不会让人有加速滞后的感觉,这就是我们这款最大转矩为 158N·m 发动机的优势,对于爬坡,您一点儿也不用担心。"

【参考话术 4-13】"×先生/女士,在变道时我们车辆的方向响应灵敏,车身也十分稳定,没有多余的晃动,现在我们来体验一下……"

销售小技巧

1. 客户进入车内时,请注意用手扶住门框顶部,避免客户头部碰到门框。
2. 在不同的路段向客户展示车辆性能时,通过动态介绍突显产品优势,及时了解客户对体验点的感受,必要时以封闭式问题寻求认同,让客户对产品有足够的认同感,这对接下来的成交有非常大的帮助。

(二)换手

行驶到达预定换乘处,在安全地点停车,并将发动机熄火。取下钥匙,由销售人员自己保管。帮助客户就座,确保客户乘坐舒适。待客户进入驾驶位置后,亲手交给客户钥匙,让客户亲自体验发动机起动时的感觉。依照客户情况引导客户自己调整各项配备,如座椅、后视镜、方向盘、空调等,确认客户舒适,适时寻求客户对产品的认同;请客户亲自熟悉车辆操作装备,如制动踏板、离合器踏板、加速踏板等。销售顾问再次提醒试驾的路线和安全驾驶事项。

【参考话术 4-14】"×先生/女士,在您驾驶的过程中,我会适时地提醒您行驶路线,这样您就完全不必担心走错路,可以放松心情享受试驾的乐趣。"

【参考话术 4-15】"×先生/女士,您觉得这个位置可以吗?驾驶座椅的调节开关在座椅下方的左手边,您可以试着调节到感觉舒适的角度,感受它调节的便捷性。"

【参考话术 4-16】"×先生/女士,您看一下后视镜,调节按钮就在您的左手边,操作起来是不是很简单方便呢?车后方的视野很开阔吧?"

【参考话术 4-17】"×先生/女士,请您系好安全带,放下驻车制动器,轻踩加速踏板,我们可以出发了。"

销售小技巧

1. 提前告知客户将要在换乘处停靠,由客户体验驾驶。
2. 到达换乘处时,注意停靠位置,考虑副驾驶开门下车便利。
3. 换乘时,销售顾问应在客户的视线范围内从车头绕至副驾驶位。

(三)客户试驾

根据道路所对应的体验点,引导客户充分体验试驾。适当指引路线,点明体验感觉。在客户驾驶过程中给予适当的赞美,并注意观察客户驾驶方式,控制客户的驾驶节奏。若客户有危险驾驶动作,及时提醒并在必要时干预。

【参考话术 4-18】"×先生/女士,刚才我们体验了连续弯道路段,是不是和您前面试乘时的感觉一样,不错吧?"

【参考话术 4-19】"×先生/女士,前方的路段我们可以体验急加速项目,您可以按照我刚才带您试乘时的方式进行驾驶,亲自感受我们车辆的特点。"

【参考话术 4-20】"×先生/女士,您的驾车技术太棒了,这款车真的非常适合您!"

【参考话术 4-21】"×先生/女士,您是我见过的第一个车开得这么快又这么稳的人。"

 销售小技巧

1. 每个体验点结束后,立即询问客户的感受。
2. 多赞美客户,让客户有满足感,利于成交。
3. 试乘重在引导,试驾重在感受。

(四)试乘试驾评价

试乘试驾结束后,销售顾问应首先下车,主动替客户开门,并表示感谢。提醒客户确认无东西遗忘在车内,引导客户回展厅(洽谈区),总结试乘试驾体验。完成"试乘试驾信息反馈表"(表4-5)后,询问试乘试驾后的感受,借机探寻客户的成交意愿。

【参考话术 4-22】"×先生/女士,非常感谢您参加此次的试乘试驾,我们一起回展厅总结一下您这次试乘试驾的体验吧,然后再麻烦您填写一份调查问卷。"

【参考话术 4-23】"×先生/女士,刚才在试乘试驾时,您比较关注的四个方面都体验到了,感觉不错吧?这份'试乘试驾信息反馈表'麻烦您看一下并签字确认。"

【参考话术 4-24】"×先生/女士,看来您对试乘试驾非常满意,车也非常符合您的需求,是不是今天就定下呢?"

 销售小技巧

1. 针对客户特别感兴趣的性能和配备再次加以说明,并引导客户回忆美好的试驾体验。
2. 针对客户试驾时产生的异议,应立即给予合理和客观的说明。
3. 对每一位客户均应热情地道别,并感谢其参与试驾。

表4-5 试乘试驾信息反馈表

试乘试驾客户:　　　　　　试乘试驾车型:　　　　　　日期:
销售顾问:　　　　　　　　试乘试驾专员:

项 目	评 价	备 注
感觉容易进出、车内空间感、座椅的舒适性		
进出车辆便利性	好□ 较好□ 一般□ 差□ 较差□	
前排座椅乘坐空间	好□ 较好□ 一般□ 差□ 较差□	
后排座椅乘坐空间	好□ 较好□ 一般□ 差□ 较差□	
乘坐舒适性	好□ 较好□ 一般□ 差□ 较差□	
空调性能	好□ 较好□ 一般□ 差□ 较差□	

（续）

项目	评价	备注
驾驶位置		
座椅调整的灵活性	好□ 较好□ 一般□ 差□ 较差□	
方向盘调整的灵活性	好□ 较好□ 一般□ 差□ 较差□	
仪表的可视性	好□ 较好□ 一般□ 差□ 较差□	
操纵（车灯、刮水器、音量调节等使用）便捷程度	好□ 较好□ 一般□ 差□ 较差□	
驾驶视野	好□ 较好□ 一般□ 差□ 较差□	
后视镜视野（就驾驶员而言）	好□ 较好□ 一般□ 差□ 较差□	
动力性		
加速性能	好□ 较好□ 一般□ 差□ 较差□	
转向		
转向的准确性	好□ 较好□ 一般□ 差□ 较差□	
转弯稳定性	好□ 较好□ 一般□ 差□ 较差□	
悬架及稳定性		
悬架/底盘韧性	好□ 较好□ 一般□ 差□ 较差□	
直线行驶稳定性	好□ 较好□ 一般□ 差□ 较差□	
行驶操控性能	好□ 较好□ 一般□ 差□ 较差□	
制动		
制动踏板的力度	好□ 较好□ 一般□ 差□ 较差□	
制动踏板灵敏性	好□ 较好□ 一般□ 差□ 较差□	
制动稳定性	好□ 较好□ 一般□ 差□ 较差□	
换档		
换档便利性	好□ 较好□ 一般□ 差□ 较差□	
试乘试驾意见和建议及关注点		

 任务实施

步骤1　拟订任务实施计划

按照"任务知识"中的相关内容进行工作步骤要点梳理及话术设计，完成表4-6。

表4-6　"试乘试驾实施"工作步骤要点梳理及话术设计

工作步骤	步骤要点	话术设计
客户试乘		
换手		
客户试驾		
试乘试驾评价		

步骤2　按计划进行演练

拟订任务实施计划后，小组成员可以在组内寻找搭档，进行"试乘试驾实施"演练，并按照表4-7进行观察记录。

步骤3　根据演练情况，修订任务计划

演练结束后，可以根据观察记录情况，对拟订的任务计划进行修订，以确保工作任务顺利完成。

步骤4　正式完成任务

完成工作计划修订后，按照修订后的任务计划正式完成"试乘试驾实施"任务，并按照表4-7进行评分。

表4-7　销售顾问"试乘试驾实施"工作过程观察评价表

任务	观察及评价项目		步骤2观察记录		评价分值	步骤4评分		
			是	否		自评分(10%)	互评分(30%)	教师评分(60%)
试乘试驾实施	客户试乘	讲解车辆独特的操控配置，引导体验优势性能能力			5分			
		车辆静态优势示范能力			10分			
		车辆动态优势示范能力			10分			
		交流中赞美客户并寻求客户认同			5分			
	换手	换乘处换手细节把握能力			5分			
		提醒试驾的线路和安全驾驶事项			5分			
	客户试驾	引导体验优势性能能力			10分			
		针对性地提醒各路段的体验项目			10分			
		交流中赞美客户并寻求客户认同			5分			
	试乘试驾后	引导客户填写"试乘试驾意见反馈表"			5分			
		有效处理客户试乘试驾异议			10分			
职业素养		能够灵活运用计划内容进行演练			10分			
		仪态自然、大方；语言清晰，语速、语音、语调适中			5分			
		工位整洁干净，文件摆放有序			5分			
小　　计								
总评分（自评分×10%+互评平均分×30%+教师评分×60%）								

任务评价

"试乘试驾实施"任务评价见表4-8。

表4-8　学习任务2"试乘试驾实施"评价表

评价方式	评价项目	是	否
个人评价	通过互联网、市场调研等各种渠道获取试乘试驾实施工作的相关信息，并主动咨询信息的可靠性		
	清晰表述试乘试驾实施工作的流程及工作规范要求		
	运用话术进行产品的静态展示和动态展示		
	运用引导客户体验性能优势的方法和技巧，并根据试乘试驾实施过程中的具体情况设计相应话术		
	与他人合作，进行有效沟通		
	遵守一体化课室6S管理规定，逐步养成良好的工作习惯，增强责任感		
小组评价	小组成员是否全部参与了计划策划及实施过程		
	小组成员是否具有团队意识，是否相互配合		
	小组成员沟通是否顺畅		
	小组成员能否自主学习并尊重他人		
	小组成员能否客观地自评与互评		
	小组成员是否服从教师安排		
	小组成员是否遵守6S管理规定，保证学习环境的干净整洁		

任务拓展

1. 一次有效的试乘试驾将给经销商带来什么好处呢？
2. 试乘试驾结束后，针对客户提出的异议，销售顾问应该如何应对？

基础知识训练

一、填空题

1. 让客户进行试乘试驾，目的是提高客户的_____、_____、_____和_____。
2. 试乘试驾是_____过程中最具有说服力的方法之一，也是_____工作环节中必不可少的环节。
3. _____地开展试乘试驾准备工作，则是发挥试乘试驾作用和_____的关键步骤。
4. 通过_____和_____可以让客户真实了解和感受汽车的各项性能。
5. 试乘是由_____来驾驶_____供客户_____。
6. 换乘时，销售顾问应在客户的视线范围内从_____绕至_____。
7. 试乘重在_____，试驾重在_____。
8. 试乘试驾的路线一般在_____，包括_____，_____和_____。

二、不定项选择题（每题有一个或多个答案正确）

1. 试乘试驾时（　　）。
   A. 客户可以没有驾照　　　　　　B. 油量保持1/4处以上
   C. 不必制定路线　　　　　　　　D. 只许客户乘车，不许客户驾驶
2. 仔细核实客户驾驶证的（　　）。
   A. 发证机关　　　　　　　　　　B. 有效期
   C. 准驾车型　　　　　　　　　　D. 驾龄
3. 客户试乘试驾可以体验到车辆的（　　）性能。
   A. 动力性　　　　　　　　　　　B. 省油性
   C. 操控性　　　　　　　　　　　D. 安全性
4. 向客户介绍车辆性能优势，必要时以（　　）问题寻求认同。
   A. 半开放半封闭式　　　　　　　B. 开放式
   C. 封闭式　　　　　　　　　　　D. 聊天式
5. 行驶到达预定换乘处，在安全地点停车熄火，取下钥匙，由（　　）保管。
   A. 客户　　　　　　　　　　　　B. 销售人员
   C. 客户亲属　　　　　　　　　　D. 销售经理
6. 静态介绍包括（　　）。
   A. 瞬间加速　　　　　　　　　　B. 布局展示

C. 半坡起步　　　　　　　　　D. 车内空间

7. 下列说法正确的是（　　　）。
   A. 试乘试驾车必须铺设防护三件套
   B. 试乘试驾车可以是展厅内的任何一辆
   C. 客户可以坐在后排感受车辆性能
   D. 客户可以不需要销售人员的陪同进行试驾
8. 动态介绍包括（　　　）。
   A. 起步　　　　　　　　　　　B. 加速
   C. 制动性　　　　　　　　　　D. 转弯
9. 邀约客户进行试乘试驾的方式有（　　　）。
   A. 邮件　　　　　　　　　　　B. 电话
   C. 当面邀请　　　　　　　　　D. 短信

三、判断题

1. 试驾是指客户在经销商指定人员的陪同下，沿着指定的路线驾驶指定的车辆，从而了解这款汽车的行驶性能和操控性能等。（　　）
2. 客户驾驶证的准驾车型必须是A1，并且驾龄5年以上。（　　）
3. 试乘试驾前，客户必须填写"试乘试驾车辆检查表"。（　　）
4. 客户在试驾过程中可以随意改变路线。（　　）
5. 客户进入车内时，请注意用手扶住门框顶部，避免客户头部碰到门框。（　　）
6. 根据试乘试驾路线的路况，决定是否系安全带。（　　）
7. 试乘试驾时，全程保持沉默，不能打扰客户体验车辆性能。（　　）
8. 到达换乘处时，注意停靠位置，考虑副驾驶开门下车便利。（　　）
9. 行车路线的结束等于试乘试驾的结束。（　　）
10. 通过试乘试驾服务，让客户具有对车辆的实际驾乘体验，使客户更进一步深入了解车辆的具体性能，建立客户的购买信心。（　　）

四、简答题

1. 请简述试乘试驾人员必须具备的条件。
2. 请简述试乘试驾实施的工作流程要点。
3. 为什么由销售顾问先驾驶，客户后试驾？

五、情景模拟题

情景1　客户与朋友想一同试驾车辆

□　实战情景

一位客户与4名朋友来4S店看车，在试驾的时候，客户的朋友都想一同参加，但是只能乘坐5人，而销售顾问又必须在车上。

【问题】作为一名销售顾问，你将如何与客户沟通，最终完成试乘试驾？

□　情景分析及应对

_____

_____

情景2　客户在试驾中提出疑虑

❑　实战情景

客户在试驾途中，提出："这辆车排量好像小了点儿，提速不够劲儿，满载的话会不会更不够劲儿呢？"

【问题】作为一名销售顾问，你将如何应对此事，以打消客户疑虑？

❑　情景分析及应对

_____
_____

学习情境五　汽车保险与信贷

学习情境描述

在与客户进行商务洽谈过程中，王平发现有两个与价格提案密切相关的要素，分别是汽车保险和汽车信贷，客户对于这两方面的内容也十分关心。因此王平专门花时间向销售经理学习了这两部分的内容。在与客户沟通的过程中，也会针对汽车保险和汽车信贷专门为客户设计方案，工作效果很好。

学习目标

1. 能够根据客户需求设计并推介合适的汽车保险组合方案，签订汽车保险合同。
2. 能够根据客户需求设计并推介合适的汽车消费信贷方案，并办理相关手续。

学习任务

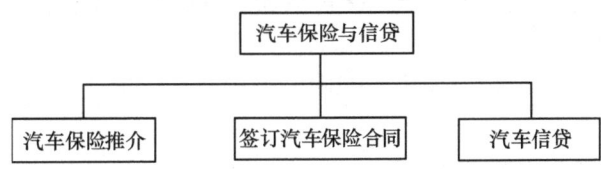

建议学时

18 学时。

任务1 汽车保险推介

任务目标

1. 通过互联网、市场调研等各种渠道获取汽车保险推介工作的相关信息，并主动咨询信息的可靠性。
2. 清晰表述汽车保险的专业术语。
3. 根据客户情况设计并推介合适的汽车保险组合方案。
4. 与他人合作，进行有效沟通。
5. 遵守一体化课室6S管理规定，逐步养成良好的工作习惯，增强责任感。

任务情景

1．情景描述

在和客户张斌夫妇进行具体成交事宜洽谈时，王平发现张先生非常关注汽车保险，询问了很多关于汽车保险产品的具体细节，并希望王平能为其设计符合实际需求的汽车保险组合方案。

客户信息

张先生 年龄：40岁左右
职业：移动通信设备代理商。
业余生活和爱好：自驾游、购物、酒吧。
家庭成员：3人，本人、太太和孩子（6岁男孩，马上上小学，太太负责接送）。
购车用途：商务用车兼顾家用。
驾驶习惯：喜欢激情驾驶，驾龄15年。
经常的乘员：自己驾驶（太太自己有车，大众帕萨特）。
车位信息：在居住的小区有一个固定车位。
选购车辆的信息：选择了本店某款高配置车型，车价为100万元。考虑贷款。对汽车保险要求较高。

2．任务要求

（1）请以小组合作方式，讨论分析王平可以为客户张先生设计怎样的保险组合方案。形成小组意见后，统一提交。

（2）请与组内搭档合作，轮流以销售顾问的身份向客户推介设计好的保险组合方案。

任务知识

一、保险相关术语

（一）风险

风险是损失的不确定性。它有两层含义：一是可能存在损失；二是这种损失是不确定性的。所谓不确定性，是指是否发生不确定；发生的时间不确定；发生的空间不确定；发生的过程和结果不确定，即损失程度不确定。

按照风险损失的对象进行分类，风险可以分为财产风险、人身风险、责任风险和信用风险四类。

（1）财产风险：财产风险是指导致一切有形财产的损毁、灭失或贬值的风险以及经济或金钱上损失的风险。如厂房、机器设备、成品、家具等遭受的火灾、地震、爆炸等风险；船舶在航行中遭受的沉没、碰撞、搁浅等风险。

财产损失通常包括财产的直接损失和间接损失两方面。

（2）人身风险：人身风险是指导致人的伤残、死亡、丧失劳动能力以及增加医疗费用支出的风险。如人会因生、老、病、死等生理规律和自然、政治、军事等原因而早逝、伤残、工作能力丧失或年老无依靠等。

人身风险所致的损失一般有两种：一种是收入能力损失；另一种是额外费用损失。

（3）责任风险：责任风险是指由于个人或团体的疏忽或过失行为，造成他人财产损失或人身伤亡，依照法律、契约或道义应承担的民事法律责任风险。

（4）信用风险：信用风险是指在经济交往中，权利人与义务人之间由于一方违约或违法致使对方遭受经济损失的风险。如进出口贸易中，出口方（或进口方）会因进口方（或出口方）不履约而遭受经济损失。

（二）保险角色

（1）保险人：又称承保人，是指经营保险业务的组织和法人。即与投保人订立保险合同，并承担赔偿或者给付保险金责任的保险公司。

（2）投保人：是与保险人订立保险合同并按照保险合同负有支付保险费义务的人。

（3）被保险人：是指根据保险合同，其财产利益或人身受保险合同保障，在保险事故发生后，享有保险金请求权的人。投保人往往同时就是被保险人。

（4）受益人：是指人身保险合同中由被保险人或者投保人指定的享有保险金请求权的人，投保人、被保险人可以为受益人。如果投保人或被保险人未指定受益人，则他的法定继承人即为受益人。

（5）第三者：是指除保险人和被保险人之外的，因意外事故而遭受人身伤害或财产损失的受害人。

（三）保险标的

保险标的是作为保险对象的财产及其有关利益或人的生命和身体，它是保险利益的载体。

（四）保险责任

保险责任是指保险人承担的经济损失补偿或人身保险金给付的责任。即保险合同中约定由保险人承担的危险范围，在保险事故发生时所负的赔偿责任，包括损害赔偿、责任赔偿、保险金给付、施救费用、救助费用、诉讼费用等。

保险责任既是保险人承担保障的保障责任，也是负责赔偿和给付保险金的依据和范围；同时也是被保险人要求保障的责任和获得赔偿或给付的依据和范围。

（五）责任免除

责任免除又称除外责任，是指根据法律规定或合同约定，保险人对某些风险造成的损失补偿不承担赔偿保险金的责任。即保险合同中规定保险人不负给付保险责任的范围。

（六）保险金额和保险费

（1）保险金额：是指一个保险合同项下保险公司承担赔偿或给付保险金责任的最高限额，即投保人对保险标的实际投保金额；同时也是保险公司收取保险费的计算基础。

（2）保险费：是指被保险人参加保险时，根据其投保时所订的保险费率向保险人交付的费用。保险费由保险金额、保险费率和保险期限构成。保险费的数额同保险金额的大小、保险费率的高低和保险期限的长短成正比，即保险金额越大，保险费率越高，保险期限越长，则保险费也就越多。交纳保险费是投保人的义务。

（七）保险事故

保险事故是指保险合同约定的保险责任范围内的事故。

二、汽车保险

（一）汽车保险的含义

汽车保险是指以汽车本身及其相关利益为保险标的的一种不定值财产保险。汽车保险是财产保险的一种，也称为机动车辆保险，是以汽车（机动车辆）本身及其第三者责任为保险标的的一种运输工具保险。

（二）汽车保险的分类

我国的汽车保险分为强制保险和商业保险两大类，目前我国实行的机动车交通事故责任强制保险属于强制保险，其他险种是商业保险。汽车商业保险又分为基本险（主险）和附加险两类，由投保人根据自身需要自行选择投保。具体见表5-1。其中主险指可以单独投保的保险险种，附加险指不能单独投保、只能附加于主险投保的保险险种，主险因失效、解约或满期等原因效力终止或中止时，附加险效力也随之终止或中止。

表5-1 汽车保险种类（部分）

强制保险	机动车交通事故责任强制保险（交强险）		
商业保险	基本险（主险）	车辆损失险（车损险）	
		机动车第三者责任险	
		车上人员责任保险	
		机动车盗抢保险	
	附加险	车损险	玻璃单独破碎险
			自燃损失险
			车身划痕损失险
			新增加设备损失保险
			可选免赔额特约条款
			基本险不计免赔率特约条款（适用于四种基本险）
		三者险	车上货物责任险
			车载货物掉落责任险

三、各类汽车保险的详细内容

（一）交强险

1．交强险定义

机动车交通事故责任强制保险，简称交强险，于 2006 年 7 月 1 日正式施行，根据配套措施的最终确立，于 2007 年 7 月 1 日正式普遍推行。按照《机动车交通事故责任强制保险条例》（简称《交强险条例》）的规定：交强险是由保险公司对被保险机动车发生道路交通事故造成本车人员、被保险人以外的受害人的人身伤亡、财产损失，在责任限额内予以赔偿的强制性责任保险，属于责任保险的一种。

2．用语含义

（1）投保人：是指与保险公司订立机动车交通事故责任强制保险合同，并按照合同负有支付保险费义务的机动车的所有人、管理人。

（2）被保险人：是指投保人及其允许的合法驾驶人。

（3）受害人：是指因被保险机动车发生交通事故遭受人身伤亡或者财产损失的人，但不包括被保险机动车本车车上人员、被保险人。

（4）抢救费用：是指机动车发生道路交通事故导致人员受伤时，医疗机构参照国务院卫生主管部门组织制定的有关临床诊疗指南，对生命体征不平稳和虽然生命体征平稳但如果不采取处理措施会产生生命危险，或者导致残疾、器官功能障碍，或者导致病程明显延长的受伤人员，采取必要的处理措施所发生的医疗费用。

（5）责任限额：是指被保险机动车发生交通事故，保险人对于每次保险事故所有受害人的人身伤亡和财产损失所承担的最高赔偿金额。

3．保险责任

在中华人民共和国境内（不含港澳台地区），被保险人在使用被保险机动车过程中发生交通事故，致使受害人遭受人身伤亡或者财产损失，依法应当由被保险人承担的损害赔偿责任，保险人按照交强险合同的约定对每次事故在赔偿限额内负责赔偿。

4．责任限额（2008 年 2 月 1 日后）

交强险保险责任限额见表 5-2。

表 5-2 交强险保险责任限额

机动车在道路交通事故中有责任的赔偿限额	机动车在道路交通事故中无责任的赔偿限额
死亡伤残赔偿限额：110000 元人民币	死亡伤残赔偿限额：11000 元人民币
医疗费用赔偿限额：10000 元人民币	医疗费用赔偿限额：1000 元人民币
财产损失赔偿限额：2000 元人民币	财产损失赔偿限额：100 元人民币

5. 交强险保险费

交强险最终保险费=交强险基础保险费×（1+与道路交通事故相联系的浮动比率）

交强险基础保险费率见表5-3。

表5-3 交强险基础费率（部分）

车辆大类	序号	车辆明细分类	基础保费/元
家庭自用车	1	家庭自用汽车6座以下	950
	2	家庭自用汽车6座及以上	1100
非营业客车	3	企业非营业汽车6座以下	1000
	4	企业非营业汽车6～10座	1130
	5	企业非营业汽车10～20座	1220
	6	企业非营业汽车20座以上	1270
	7	机关非营业汽车6座以下	950
	8	机关非营业汽车6～10座	1070
	9	机关非营业汽车10～20座	1140
	10	机关非营业汽车20座以上	1320

（二）车辆损失险

1. 车损险定义

机动车损失险，又称车辆损失险，是指保险车辆遭受保险责任范围内的自然灾害（不包括地震）或意外事故，造成保险车辆本身损失，保险人依据保险合同的规定给予的赔偿。

2. 保险责任

被保险人或其允许的驾驶人员在使用保险车辆过程中，因下列原因造成保险车辆的损失，保险人负责赔偿：

（1）碰撞、倾覆、坠落。

（2）火灾、爆炸。

（3）外界物体坠落、倒塌。

（4）暴风、龙卷风。

（5）雷击、雹灾、暴雨、洪水、海啸。

（6）地陷、冰陷、崖崩、雪崩、泥石流、滑坡。

（7）载运保险车辆的渡船遭受自然灾害（只限于有驾驶人员随车照料者）。

发生保险事故时，被保险人为防止或者减少保险车辆的损失所支付的必要的、合理的施救费用，由保险人承担，最高不超过保险金额的数额。

3. 责任免除

下列情况下，不论任何原因造成的保险车辆损失，保险人均不负责赔偿：

（1）地震、战争、军事冲突、恐怖活动、暴乱、扣押、罚没、政府征用。

（2）竞赛、测试、在营业性维修场所修理、养护期间。

（3）利用保险车辆从事违法活动。

(4) 驾驶人员饮酒、吸食或注射毒品、被药物麻醉后使用保险车辆。

(5) 保险车辆肇事逃逸。

(6) 驾驶人员有下列情形之一者：

1) 无驾驶证或驾驶车辆与驾驶证准驾车型不相符。

2) 公安交通管理部门规定的其他属于无有效驾驶证的情况下驾车。

3) 使用各种专用机械车、特种车的人员无国家有关部门核发的有效操作证；驾驶营业性客车的驾驶人员无国家有关部门核发的有效资格证书。

(7) 非被保险人允许的驾驶人员使用保险车辆。

(8) 保险车辆不具备有效行驶证件。

保险车辆的下列损失和费用，保险人不负责赔偿：

(1) 自然磨损、朽蚀、故障、轮胎单独损坏。

(2) 玻璃单独破碎、无明显碰撞痕迹的车身划痕。

(3) 人工直接供油、高温烘烤造成的损失。

(4) 自燃以及不明原因引起火灾造成的损失；自燃是指因本车电器、线路、供油系统发生故障或所载货物自身原因起火燃烧。

(5) 遭受保险责任范围内的损失后，未经必要修理继续使用，致使损失扩大的部分。

(6) 因污染（含放射性污染）造成的损失。

(7) 因市场价格变动造成的贬值、修理后因价值降低引起的损失。

(8) 除车辆标准配置以外，未投保的新增设备的损失。

(9) 在淹及排气筒或进气管的水中启动，或被水淹后未经必要处理而起动车辆，致使发动机损坏。

(10) 保险车辆所载货物坠落、倒塌、撞击、泄漏造成的损失。

(11) 摩托车停放期间因翻倒造成的损失。

(12) 被盗窃、抢劫、抢夺，以及因被盗窃、抢劫、抢夺受到损坏或车上零部件、附属设备丢失。

(13) 被保险人或驾驶人员的故意行为造成的损失。

4．保险金额

保险金额由投保人和保险人从下列三种方式中选择确定，保险人根据确定保险金额的不同方式承担相应的赔偿责任：

(1) 按投保时保险车辆的新车购置价确定。本保险合同中的新车购置价是指在保险合同签订地购置与保险车辆同类型新车（含车辆购置税）的价格。

(2) 按投保时保险车辆的实际价值确定。本保险合同中的实际价值是指同类型车辆新车购置价减去折旧金额后的价格。

(3) 在投保时被保险机动车的新车购置价内协商确定。

5．保险费

按照地区、座位数查找基础保费和费率。

$$保费=基础保费+保险金额×费率$$

【例题 5-1】假定某 5 座客车投保车损险，车龄为 1 年以下，保险金额为 10 万元。则该车的车损险保费为多少？

解答：根据车损险费率表（表5-4），查得对应的基础保费为539元，费率为1.28%，则该车辆的保费为539+100000×1.28%=1819（元）。

表5-4 车损险费率（部分）

地区	座位数	机动车损失保险							
		1年以下		1～2年		2～6年		6年以上	
		基础保费/元	费率	基础保费/元	费率	基础保费/元	费率	基础保费/元	费率
广东	6座以下	539	1.28%	513	1.22%	508	1.21%	523	1.24%
	6～10座	646	1.28%	616	1.22%	609	1.21%	628	1.24%
	10座以上	646	1.28%	616	1.22%	609	1.21%	628	1.24%

（三）机动车第三者责任险

1. 保险总则

本保险合同中的机动车是指在中华人民共和国境内（不含港、澳、台地区）行驶，以动力装置驱动或者牵引，上道路行驶的供人员乘用或者用于运送物品以及进行专项作业的轮式车辆（含挂车）、履带式车辆和其他运载工具（以下简称被保险机动车），但不包括摩托车、拖拉机和特种车。

本保险合同中的第三者是指因被保险机动车发生意外事故遭受人身伤亡或者财产损失的人，但不包括被保险机动车本车上人员、投保人、被保险人和保险人。

2. 保险责任

保险期间内，被保险人或其允许的合法驾驶人在使用被保险机动车过程中发生意外事故，致使第三者遭受人身伤亡或财产直接损毁，依法应当由被保险人承担的损害赔偿责任，保险人依照本保险合同的约定，对于超过机动车交通事故责任强制保险各分项赔偿限额的部分负责赔偿。

3. 责任免除

（1）被保险机动车造成下列人身伤亡或财产损失，不论在法律上是否应当由被保险人承担赔偿责任，保险人均不负责赔偿：

1）被保险人及其家庭成员的人身伤亡、所有或代管财产的损失。
2）被保险机动车本车驾驶人及其家庭成员的人身伤亡、所有或代管财产的损失。
3）被保险机动车本车上其他人员的人身伤亡或财产损失。

（2）下列情况下，不论任何原因造成的对第三者的损害赔偿责任，保险人均不负责赔偿：
地震。
战争、军事冲突、恐怖活动、暴乱、扣押、收缴、没收、政府征用。
竞赛、测试、教练，在营业性维修、养护场所修理和养护期间。
利用被保险机动车从事违法活动。
驾驶人饮酒、吸食或注射毒品、被药物麻醉后使用被保险机动车。
事故发生后，被保险人或其允许的驾驶人在未依法采取措施的情况下驾驶被保险机动车或者遗弃被保险机动车逃离事故现场，或故意破坏、伪造现场、毁灭证据。

驾驶人有下列情形之一者：

1）无驾驶证或驾驶证有效期已届满。

2）驾驶的被保险机动车与驾驶证载明的准驾车型不符。

3）实习期内驾驶公共汽车、营运客车或者载有爆炸物品、易燃易爆化学物品、剧毒或者放射性等危险物品的被保险机动车，实习期内驾驶的被保险机动车牵引挂车。

4）持未按规定审验的驾驶证，以及在暂扣、扣留、吊销、注销驾驶证期间驾驶被保险机动车。

5）使用各种专用机械车、特种车的人员无国家有关部门核发的有效操作证，驾驶营运客车的驾驶人无国家有关部门核发的有效资格证书。

6）依照法律法规或公安机关交通管理部门有关规定不允许驾驶被保险机动车的其他情况下驾车：

非被保险人允许的驾驶人使用被保险机动车。

被保险机动车转让他人，未向保险人办理批改手续。

除另有约定外，发生保险事故时被保险机动车无公安机关交通管理部门核发的行驶证或号牌，或未按规定检验或检验不合格。

被保险机动车拖带未投保机动车交通事故责任强制保险的机动车（含挂车）或被未投保机动车交通事故责任强制保险的其他机动车拖带。

（3）下列损失和费用，保险人不负责赔偿：

被保险机动车发生意外事故，致使第三者停业、停驶、停电、停水、停气、停产、通信或者网络中断、数据丢失、电压变化等造成的损失以及其他各种间接损失。

精神损害赔偿。

因污染（含放射性污染）造成的损失。

第三者财产因市场价格变动造成的贬值、修理后价值降低引起的损失。

被保险机动车被盗窃、抢劫、抢夺期间造成第三者人身伤亡或财产损失。

被保险人或驾驶人的故意行为造成的损失。

仲裁或者诉讼费用以及其他相关费用。

（4）应当由机动车交通事故责任强制保险赔偿的损失和费用，保险人不负责赔偿。保险事故发生时，被保险机动车未投保机动车交通事故责任强制保险或机动车交通事故责任强制保险合同已经失效的，对于机动车交通事故责任强制保险各分项赔偿限额以内的损失和费用，保险人不负责赔偿。

（5）保险人在依据保险合同约定计算赔款的基础上，在保险单载明的责任限额内，按下列免赔率免赔：

负次要事故责任的免赔率为 5%，负同等事故责任的免赔率为 10%，负主要事故责任的免赔率为 15%，负全部事故责任的免赔率为 20%。

违反安全装载规定的，增加免赔率 10%。

投保时指定驾驶人，保险事故发生时为非指定驾驶人使用被保险机动车的，增加免赔率 10%。

投保时约定行驶区域，保险事故发生在约定行驶区域以外的，增加免赔率 10%。

4．保险费

机动车第三者责任险按照地区、座位数/吨位数/排量/功率、责任限额直接查找保费（表 5-5）。

表5-5 第三者责任险费率(部分)

地区	座位数	第三者责任保险/元						
		5万/元	10万/元	15万/元	20万/元	30万/元	50万/元	100万/元
广东	6座以下	638	920	1049	1141	1288	1546	2012
	6~10座	590	831	941	1014	1135	1352	1760
	10座以上	590	831	941	1014	1135	1352	1760

(四)机动车车上人员责任险

1. 保险定义

车上人员责任险是车辆商业险的主要保险,它的主要功能是赔偿车辆因交通事故造成的车内人员伤亡的保险。

2. 保险责任

保险期间内,被保险人及其允许的合法驾驶人在使用被保险机动车过程中发生意外事故致使保险车辆车上人员遭受人身伤亡,依法应由被保险人承担的经济赔偿责任,保险人依照《道路交通事故处理办法》和保险合同的规定给予赔偿。

3. 责任免除

(1)被保险机动车造成下列人身伤亡,不论在法律上是否应当由被保险人承担赔偿责任,保险人均不负责赔偿:

被保险人或驾驶人的故意行为造成的人身伤亡。

被保险人及驾驶人以外的其他车上人员的故意、重大过失行为造成的自身伤亡。

违法、违章搭乘人员的人身伤亡。

车上人员因疾病、分娩、自残、斗殴、自杀、犯罪行为造成的自身伤亡。

车上人员在被保险机动车车下时遭受的人身伤亡。

(2)下列情况下,不论任何原因造成的对车上人员的损害赔偿责任,保险人均不负责赔偿:

地震。

战争、军事冲突、恐怖活动、暴乱、扣押、收缴、没收、政府征用。

竞赛、测试、教练,在营业性维修、养护场所修理、养护期间。

利用被保险机动车从事违法活动。

驾驶人饮酒、吸食或注射毒品、被药物麻醉后使用被保险机动车。

事故发生后,被保险人或其允许的驾驶人在未依法采取措施的情况下驾驶被保险机动车或者遗弃被保险机动车离开事故现场,或故意破坏和伪造现场、毁灭证据。

驾驶人有下列情形之一者:

1)无驾驶证或驾驶证有效期已届满。

2)驾驶的被保险机动车与驾驶证载明的准驾车型不符。

3)实习期内驾驶公共汽车、营运客车或者载有爆炸物品,易燃易爆化学物品、剧毒或者放射性等危险物品的被保险机动车,实习期内驾驶的被保险机动车牵引挂车。

4)持未按规定审验的驾驶证,以及在暂扣、扣留、吊销、注销驾驶证期间驾驶被保险机动车。

5）使用各种专用机械车、特种车的人员无国家有关部门核发的有效操作证，驾驶营运客车的驾驶人无国家有关部门核发的有效资格证书。

6）按照法律法规或公安机关交通管理部门有关规定不允许驾驶被保险机动车的其他情况下驾车：

非被保险人允许的驾驶人驾驶被保险机动车。

被保险机动车转让他人，未向保险人办理批改手续。

除另有约定外，发生保险事故时被保险机动车无公安机关交通管理部门核发的行驶证或号牌，或未按规定检验或检验不合格。

（3）下列损失和费用，保险人不负责赔偿：

精神损害赔偿。

因污染（含放射性污染）造成的人身伤亡。

仲裁或者诉讼费用以及其他相关费用。

应当由机动车交通事故责任强制保险赔偿的损失和费用。

（4）保险人在依据保险合同约定计算赔款的基础上，在保险单载明的责任限额内，按下列免赔率免赔：

负次要事故责任的免赔率为5%，负同等事故责任的免赔率为8%，负主要事故责任的免赔率为10%，负全部事故责任或单方肇事事故的免赔率为15%。

投保时指定驾驶人，保险事故发生时为非指定驾驶人使用被保险机动车的，增加免赔率10%。

投保时约定行驶区域，保险事故发生在约定行驶区域以外的，增加免赔率10%。

4．保险费

车上人员责任保险按照地区、座位数查找费率（表5-6）。其中：

驾驶人保费=每次事故责任限额×费率

乘客保费=每次事故每人责任限额×费率×投保乘客座位数

表5-6 车上人员责任险费率（部分）

地 区	座 位 数	车上人员责任险	
		驾 驶 人	乘 客
广东	6座以下	0.42%	0.27%
	6~10座	0.40%	0.26%
	10座以上	0.40%	0.26%

【例题5-2】 假定某5座轿车投保车上人员责任保险，每次事故责任限额选择1万元。则该车车上人员的责任保险保费为多少？

解答：根据车上人员责任险费率表（表5-6），查得对应的费率分别为0.42%和0.27%，则该车的车上人员责任保险的保费为

驾驶人保费=10000×0.42%=42（元）

乘客保费=10000×0.27%×4=108（元）

（五）机动车全车盗抢险

1．保险责任

保险期间内，被保险机动车的下列损失和费用，保险人依照本保险合同的约定负责赔偿：

（1）被保险机动车被盗窃、抢劫、抢夺，经出险当地县级以上公安刑侦部门立案证明，满60天未查明下落的全车损失。

（2）被保险机动车全车被盗窃、抢劫、抢夺后，受到损坏或车上零部件、附属设备丢失需要修复的合理费用。

（3）被保险机动车在被抢劫、抢夺过程中，受到损坏需要修复的合理费用。

2．责任免除

（1）下列情况下，不论任何原因造成被保险机动车损失，保险人均不负责赔偿：

地震。

战争、军事冲突、恐怖活动、暴乱、扣押、收缴、没收、政府征用。

竞赛、测试、教练，在营业性维修、养护场所修理和养护期间。

利用被保险机动车从事违法活动。

驾驶人饮酒、吸食或注射毒品、被药物麻醉后使用被保险机动车。

非被保险人允许的驾驶人使用被保险机动车。

租赁机动车与承租人同时失踪。

被保险机动车转让他人，未向保险人办理批改手续。

除另有约定外，发生保险事故时被保险机动车无公安机关交通管理部门核发的行驶证或号牌，或未按规定检验或检验不合格。

被保险人索赔时，未能提供机动车停驶手续或出险当地县级以上公安刑侦部门出具的盗抢立案证明。

（2）被保险机动车的下列损失和费用，保险人不负责赔偿：

自然磨损、朽蚀、腐蚀、故障。

遭受保险责任范围内的损失后，未经必要修理继续使用被保险机动车，致使损失扩大的部分。

市场价格变动造成的贬值、修理后价值降低引起的损失。

除标准配置以外新增设备的损失。

非全车遭盗窃，仅车上零部件或附属设备被盗窃或损坏。

被保险机动车被诈骗造成的损失。

被保险人因民事、经济纠纷而导致被保险机动车被抢劫、抢夺。

被保险人及其家庭成员、被保险人允许的驾驶人的故意行为或违法行为造成的损失。

（3）被保险机动车被盗窃、抢劫、抢夺期间，造成人身伤亡或本车以外的财产损失，保险人不负责赔偿。

（4）保险人在依据保险合同约定计算赔款的基础上，按下列免赔率免赔：

发生全车损失的，免赔率为20%。

发生全车损失，被保险人未能提供"机动车行驶证""机动车登记证书"机动车来历凭证、车辆购置税完税证明（车辆购置附加费缴费证明）或免税证明的，每缺少一项，增加免赔率1%。

投保时指定驾驶人，保险事故发生时为非指定驾驶人使用被保险机动车的，增加免赔率5%。

投保时约定行驶区域，保险事故发生在约定行驶区域以外的，增加免赔率10%。

3．保险费

机动车盗抢险按照地区、座位数查找基础保费和费率（表5-7）。

$$保费=基础保费+保险金额\times费率$$

表5-7 机动车盗抢险费率（部分）

地 区	座 位 数	机动车盗抢险	
		基础保费/元	费 率
广东	6座以下	120	0.49%
	6~10座	140	0.44%
	10座以上	140	0.44%

（六）主要附加险

1．玻璃单独破碎险

投保了机动车损失保险的机动车，可投保本附加险。

（1）保险责任。被保险机动车风窗玻璃或车窗玻璃的单独破碎，保险人负责赔偿。

（2）投保方式。投保人和保险人可协商选择按进口或国产玻璃投保，保险人根据协商选择的投保方式承担相应的赔偿责任。

（3）责任免除。安装、维修机动车过程中造成的玻璃单独破碎。

（4）保险费。玻璃单独破碎险，按照地区及投保国产/进口玻璃查找费率（表5-8）。

$$保费=新车购置价\times费率$$

表5-8 玻璃单独破碎险费率（部分）

地 区	座 位 数	玻璃单独破碎险	
		国产玻璃	进口玻璃
广东	6座以下	0.20%	0.33%
	6~10座	0.20%	0.33%
	10座以上	0.24%	0.40%

2．车身划痕损失险条款

投保了机动车损失保险的机动车，可投保本附加险。

（1）保险责任。无明显碰撞痕迹的车身划痕损失，保险人负责赔偿。

（2）责任免除。被保险人及其家庭成员、驾驶人及其家庭成员的故意行为造成的损失。

（3）保险金额。保险金额为2000元、5000元、10000元或20000元，由投保人和保险人在投保时协商确定。

（4）赔偿处理

1）在保险金额内按实际修理费用计算赔偿。

2）每次赔偿实行15%的免赔率。

3）在保险期间内，累计赔款金额达到保险金额，本附加险保险责任终止。

（5）保险费。按车龄、新车购置价、保额所属档次直接查找保费（表5-9）。

表 5-9　车身划痕损失险费率（部分）

车　龄	保额/元	车身划痕损失险/元		
		新车购置价/元		
		30 万元以下	30～50 万元	50 万元以上
2 年以下	2000	400	585	850
	5000	570	900	1100
	10000	760	1170	1500
	20000	1140	1780	2250
2 年及以上	2000	610	900	1100
	5000	850	1350	1500
	10000	1300	1800	2000
	20000	1900	2600	3000

3．自燃损失险条款

投保了家庭自用汽车损失保险的机动车，可投保本附加险。

（1）保险责任

1）因被保险机动车电器、线路、供油系统、供气系统发生故障或所载货物自身原因起火燃烧造成本车的损失。

2）发生保险事故时，被保险人为了防止或减少被保险机动车的损失所支付的必要合理的施救费用。

（2）责任免除

1）自燃仅造成电器、线路、供油系统、供气系统的损失。

2）所载货物自身的损失。

（3）保险金额。保险金额由投保人和保险人在投保时在被保险机动车的实际价值内协商确定。

（4）赔偿处理

1）全部损失，在保险金额内计算赔偿；部分损失，在保险金额内按实际修理费用计算赔偿。

2）每次赔偿实行 20% 的免赔率。

4．新增加设备损失险

投保了机动车损失保险的机动车，可投保本附加险。负责赔偿车辆由于发生碰撞等意外事故而造成的车上新增设备的直接损失。

（1）保险责任。当车辆发生碰撞等意外事故造成车上新增设备（是指除车辆原有设备以外，被保险人另外加装的设备及设施）的直接损毁时，保险公司按实际损失赔偿。

（2）责任免除。新增设备，是指除车辆原有设备以外，被保险人另外加装的设备及设施。如果设备是因为交通事故而被撞坏，或者因全车失窃而丢失，保险公司应承担赔偿责任。但如果是新增设备单独被盗窃、丢失、被破坏的情况，保险公司不负责赔偿。

（3）保险金额。保险金额按新增设备（是指除车辆原有设备以外，被保险人另外加装的设备及设施）的实际价格，由保险公司和投保人协商确定。实际价格是购置新设备的市场价格减去折旧。

（4）赔偿处理

1）赔偿项目：如果车上的新增设备部分损坏，赔偿实际修理费。如果车上的新增设备整体损毁，在保险金额内按实际损失赔偿。

2）赔偿额度：保险公司会根据被保险人在事故中所负责任的大小，赔偿所有应赔偿总金额的80%～95%（其余部分为保险条款规定的免于赔偿部分）。被保险人在事故中负全部责任的赔偿80%，负主要责任的赔偿85%，事故双方负同等责任的赔偿90%，被保险人负次要责任的赔偿95%。

5．可选免赔额特约条款

投保了机动车损失保险的机动车可附加本特约条款。保险人按投保人选择的免赔额给予相应的保险费优惠。

被保险机动车发生机动车损失保险合同约定的保险事故，保险人在按照机动车损失保险合同的约定计算赔款后，扣减本特约条款约定的免赔额。

6．不计免赔率特约条款

经特别约定，保险事故发生后，按照对应投保险种规定的免赔率计算的、应当由被保险人自行承担的免赔金额部分，保险人负责赔偿。

下列情况下，应当由被保险人自行承担的免赔金额，保险人不负责赔偿：

（1）机动车损失保险中应当由第三方负责赔偿而无法找到第三方的。

（2）被保险人根据有关法律法规规定选择自行协商方式处理交通事故，但不能证明事故原因的。

（3）因违反安全装载规定而增加的。

（4）投保时指定驾驶人，保险事故发生时为非指定驾驶人使用被保险机动车而增加的。

（5）投保时约定行驶区域，保险事故发生在约定行驶区域以外而增加的。

（6）因保险期间内发生多次保险事故而增加的。

（7）发生机动车盗抢保险规定的全车损失保险事故时，被保险人未能提供"机动车行驶证""机动车登记证书"、机动车来历凭证、车辆购置税完税证明（车辆购置附加费缴费证明）或免税证明而增加的。

（8）可附加本条款但未选择附加本条款的险种规定的。

（9）不可附加本条款的险种规定的。

按照适用的险种查找费率（表5-10）。

保费=适用本条款的险种标准保费×费率

表5-10 不计免赔率特约条款费率（部分）

不计免赔率特约条款	
适 用 险 种	费　率
第三者责任保险	15%
机动车损失保险	15%
车上人员责任保险	15%
车身划痕损失险	15%
机动车盗抢险	20%

7. 车上货物责任险

投保了机动车第三者责任保险的机动车，可投保本附加险。

（1）保险责任。保险期间，发生意外事故致使被保险机动车所载货物遭受直接损毁，依法应由被保险人承担的损害赔偿责任，保险人负责赔偿。

（2）责任免除

1）偷盗、哄抢、自然损耗、本身缺陷、短少、死亡、腐烂、变质造成的货物损失。

2）违法、违章载运或因包装不善造成的损失。

3）车上人员携带的私人物品。

4）应当由机动车交通事故责任强制保险赔偿的损失和费用。

四、汽车保险推介工作流程

汽车保险推介工作流程如图 5-1 所示。

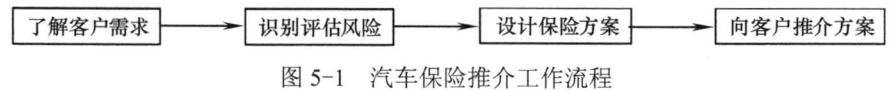

图 5-1 汽车保险推介工作流程

（一）了解客户需求

销售顾问在为客户设计保险方案前，应对客户的需求情况进行充分的了解，以便有针对性地为客户设计合理的保险方案。需要了解的内容如下：

1．驾驶人情况

驾驶人的年龄、性别、驾龄、事故记录等。

2．客户以往的投保情况

包括承保公司、投保险种、投保金额、保险期限和赔付率等情况。

（二）识别评估风险

车辆的风险一般有下列损失费用。

1．车辆本身损失风险

（1）意外事故。

（2）自然灾害。

2．车辆受损后费用支出风险

（1）运费和查勘检验费。

（2）租车代步费。

3．车上人员人身伤害风险

4．赔偿责任风险

（1）财产损害。

(2) 人身伤害。

(三) 设计保险方案

1. 设计保险方案的注意事项

(1) 交强险必须投保。

(2) 不要重复投保。根据《保险法》第四十条规定:"重复投保的车辆各保险人的赔偿金额的总和不得超过保险价值。"因此,客户即使是重复投保,也不会得到超价值赔款。

(3) 不要超额投保。投保时保险金额不要高于车辆保险价值。根据《保险法》第三十九条规定:"保险金额不得超过保险价值,超过保险价值的,超过的部分无效。"

(4) 车损险要足额投保。根据《保险法》第三十九条规定:"保险金额不得超过保险价值,超过保险价值的,超过的部分无效。保险金额低于保险价值的,除合同另有约定外,保险人按照保险金额与保险价值的比例承担赔偿责任。"

(5) 基本险(主险)尽量保全。

(6) 附加险按需投保。

2. 常见的险种组合方案（以人保为例）

(1) 最低保障方案

险种组合:第三者责任险。

保障范围:只对被保险人驾车发生事故造成的第三者人身伤亡和财产损失负赔偿责任。

适用对象:急于通过年检的个人。

特点:只有最低保障,费用低。现实中只选一种保险的车主极少。

优点:可以用来应付年检。

缺点:一旦发生意外事故,对方的损失能得到保险公司的一些赔偿,但自己车的损失只有自己负担。

(2) 基本保障方案

险种组合:车辆损失险+第三者责任险。

保障范围:只包括基本险的保障范围,如自然灾害和意外事故造成的车辆损失,驾驶保险车辆对第三者造成的损失。

特点:费用适度,能够提供基本的保障。

适用对象:有一定经济压力的车主。

优点:最有必要性。

缺点:不是最佳组合,最好加入不计免赔特约险,以便得到100%赔偿。

(3) 经济保障方案。

组合一:车辆损失险+第三者责任险+不计免赔特约险+全车盗抢险。

组合二:车辆损失险+第三者责任险+全车盗抢险+车上责任险。

特点:投保4个最必要、最有价值的险种。

适用对象:精打细算的个人。

优点:保险性价比最高,第一种组合里,人们最关心的丢失和100%赔付等大风险都有保障,保费不高但包含了比较实用的不计免赔特约险;第二种组合里,不能得到全额赔付,但车上人员或货物的人身伤亡或损失能得到补偿。

（4）最佳保障方案

险种组合：车辆损失险+第三者责任险+不计免赔特约险+车上责任险+全车盗抢险。

特点：在经济投保方案的基础上，加入了车上责任险和不计免赔特约险，保障更全面。

适用对象：一般公司或个人。

优点：投保价值大的险种，仍然是物有所值。

（5）完全保障方案

险种组合：车辆损失险+第三者责任险+不计免赔特约险+车上责任险+全车盗抢险+玻璃单独破碎险+自燃损失险。

特点：能保的险种全部投保，驾驶、存放、修理车辆过程中可能遇到的风险基本都能得到保障。

适用对象：经济充裕的车主。

优点：几乎与汽车有关的全部事故损失都能得到赔偿，投保人不必因少保某一个险种而得不到某些赔偿。

缺点：保全险保费高，某些险种出险的概率非常小。

（四）向客户推介方案

1. 介绍方案内容

销售顾问在向客户推介保险组合方案时，首先应简明扼要地说明方案的大致内容。

【参考话术5-1】"×先生/女士，根据您的实际情况，我帮您设计了一份保险方案，其中交强险是必须购买的，商业险我建议您购买车辆损失险、第三者责任险、车上人员责任险和全车盗抢险。"

2. 讲解保险责任

在介绍完保险组合方案的大致内容后，销售顾问应向客户讲解各险种的保险责任，如该险种是保障何种风险的，可以使客户的哪些利益得到保障。

【参考话术5-2】"×先生/女士，车辆损失险为被保险人提供的保障主要是赔偿因意外事故和自然灾害造成的保险车辆的损失和对保险车辆的施救费用。"

3. 介绍责任免除

在讲解保险责任的同时，销售顾问还应注意向客户介绍各险种的责任免除情况，以便让客户明白在使用车辆过程中应注意的情况。这也体现了销售顾问对客户负责的工作态度。

【参考话术5-3】"×先生/女士，除了刚才我向您介绍的保险责任范围外，我建议您也了解一下各险种的责任免除情况，好让您心里有数，明白在开车过程中应注意的问题。"

4. 讲解保险金额和保险费

保险费是客户最关心的问题。销售顾问可以将保险金额和保险费相结合向客户介绍，便于客户理解和接受。其中，在介绍保险金额时，主要说明各险种保险金额的确定方法或赔偿限额选择。保险费则要根据客户所选择的保险金额介绍,重点强调购买汽车保险带给客户的保障利益。

【参考话术 5-4】"×先生/女士,通常来讲,车辆损失险的保险金额确定方式有新车购置价和实际价值两种,两者的主要区别在于车辆发生部分损失时,计算赔偿金额的方式不同。您看您选择哪一种呢?"

【参考话术 5-5】"×先生/女士,您选择的第三者责任险责任限额是 50 万元,您只需支付 1315 元保险费就可以实现 50 万元的赔偿限额了。"

任务实施

步骤 1　拟订任务实施计划

在正式实施"汽车保险推介"工作前,可以按照"任务知识"中的相关内容进行工作步骤要点梳理及话术设计,完成表 5-11。

表 5-11　"汽车保险推介"工作步骤要点梳理及话术设计

工作步骤		步骤要点	话术设计
了解客户需求			
识别评估风险			—
设计保险方案			—
向客户推介方案	介绍方案内容		
	讲解保险责任		
	介绍责任免除		
	讲解保险金额和保险费		

步骤 2　按计划进行演练

拟订任务实施计划后,小组成员可以在组内寻找搭档,进行演练,并按照表 5-12 进行观察记录。

步骤 3　根据演练情况,修订任务计划

演练结束后,可以根据观察记录情况,对拟订的任务计划进行修订,以确保工作任务顺利完成。

步骤 4　正式完成任务

完成工作计划修订后,可按照修订后的任务计划正式完成"汽车保险推介"任务,并按照表 5-12 进行评分。

表 5-12 销售顾问"汽车保险推介"工作过程观察评价表

任务	观察及评价项目	步骤2观察记录		步骤4评分			
		是	否	评价分值	自评分（10%）	互评分（30%）	教师评分（60%）
汽车保险推介	能够与客户营造良好的沟通氛围			10分			
	能够运用各种方法充分了解客户情况			10分			
	能够准确有效地识别风险			10分			
	汽车保险组合方案中险种选择合理，费用计算准确			10分			
	能够用简明扼要的语言介绍方案内容			10分			
	保险责任讲解透彻、清晰、准确			10分			
	责任免除介绍透彻、清晰、准确			10分			
	讲解保险金额和保险费时准确清晰，能够强调客户利益			10分			
职业素养	能够灵活运用计划内容进行演练			10分			
	仪态自然、大方；语言清晰，语速、语音、语调适中			5分			
	工位整洁干净，文件摆放有序			5分			
小 计							
总评分（自评分×10%+互评平均分×30%+教师评分×60%）							

任务评价

"汽车保险推介"任务评价见表 5-13。

表 5-13 学习任务 1 "汽车保险推介"评价表

评价方式	评价项目	是	否
个人评价	通过互联网、市场调研等各种渠道获取汽车保险推介工作的相关信息，并主动咨询信息的可靠性		
	清晰表述汽车保险的专业术语		
	根据客户情况设计并推介合适的汽车保险组合方案		
	与他人合作，进行有效沟通		
	遵守一体化课室 6S 管理规定，逐步养成良好的工作习惯，增强责任感		
小组评价	小组成员是否全部参与了计划策划及实施过程		
	小组成员是否具有团队意识，是否相互配合		
	小组成员沟通是否顺畅		
	小组成员能否自主学习并尊重他人		
	小组成员能否客观地自评与互评		
	小组成员是否服从教师安排		
	小组成员是否遵守 6S 管理规定，保证学习环境的干净整洁		

任务拓展

1. 本次学习任务为汽车保险推介，如果客户接受了销售顾问推介的保险方案，接下来应如何办理相关手续？
2. 销售顾问在向客户介绍汽车保险方案时，如果客户问到理赔方面的事宜，销售顾问应如何回答？

任务2　签订汽车保险合同

任务目标

1. 通过互联网、市场调研等各种渠道获取签订汽车保险合同工作的相关信息，并主动咨询信息的可靠性。
2. 清晰表述汽车保险合同的不同形式以及合同订立、生效、变更与解除的相关规定。
3. 向客户介绍投保承保流程，并引导客户填写投保单，完成客户车险的承保工作，订立汽车保险合同。
4. 与他人合作，进行有效沟通。
5. 遵守一体化课室6S管理规定，逐步养成良好的工作习惯，增强责任感。

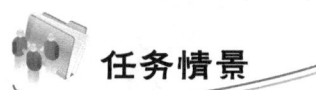
任务情景

1. **情景描述**

王平通过与客户张斌夫妇的沟通，为张先生和张太太介绍了汽车保险的有关情况，为其认真设计了险种组合方案并进行了详细说明。张先生对汽车保险方案比较认可，有投保的意向。接下来，王平需要引导张斌夫妇进行投保，完成张斌夫妇的保险承保工作，订立汽车保险合同。

2. **任务要求**

（1）请以小组合作方式，讨论分析王平可以如何开展此项工作任务？形成小组意见后，统一发表。

（2）请与组内搭档合作，轮流以销售顾问的身份，向客户介绍投保承保流程，并引导客户填写投保单，完成客户车险的承保工作，订立汽车保险合同。

一、保险业务相关术语

（一）投保

投保是投保人向保险人表达缔结保险合同的意愿。因保险合同的要约一般要求书面形式，所以汽车保险的投保需要填写投保单。

（二）核保

保险人对投保人的投保申请进行审核，对标的的风险情况进行审核和评估，以确定是否接受该投保申请。

（三）承保

承保是保险经营的重要环节，指保险人在投保人提出投保请求后，经审核认为符合承保条件并同意接受投保人申请，承担保单合同规定的保险责任的行为。

（四）续保

原保险合同有效期满后，投保人在原有保险合同的基础上向保险人提出续保申请，保险人根据投保人的申请和实际情况，可对原合同条件做适当修改而继续签约承保的行为。

（五）索赔

索赔是指投保人或被保险人在发生保险事故、遭受财产损失或人身伤亡以后，要求保险人履行赔偿或给付保险金义务的行为。保险索赔是被保险人获得实际保险保障和实现其保险权益的具体体现。

二、汽车保险合同

（一）汽车保险合同的含义

汽车保险合同是财产保险合同的一种，是指以汽车及其有关利益作为保险标的的保险合同。汽车保险合同适用于《保险法》《道路交通安全法》《机动车交通事故责任强制保险条例》《中华人民共和国合同法》和《中华人民共和国民法通则》的有关规定。

（二）汽车保险合同的形式

（1）投保单。汽车保险投保单又叫作"投保申请书"，是投保人申请保险的一种书面形式。投保人填写好投保单后，保险人审核同意签章承保，意味着保险人接受了投保人的书面要约，说明汽车保险合同已经成立。

（2）保险单。保险单是保险人和投保人之间订立保险合同的正式书面凭证，是在保险合同成立之后，由保险人向投保人签发的。汽车保险单是保险双方当事人确定权利、义务和在发生保险事故遭受经济损失后，被保险人向保险人索赔的重要依据。

（3）暂保单。暂保单是临时保险合同，用以证明保险人同意承保。暂保单的内容包括保险标的、保险责任、保险金额以及保险关系当事人的权利和义务等。

（4）保险凭证。保险凭证也称保险卡，是保险人发给投保人以证明保险合同已经订立或者保险单已经签发的一种凭证。保险凭证便于被保险人或其允许的驾驶人随身携带，证明保险合同的存在。其法律效力与保险单相同，保险凭证上未列明的事项以保险单为准。

（5）批单。批单是用来根据保险合同可能需要部分变动的情况，对保险单进行批改。批单一般加贴在原保险单正本和副本背面，并加盖骑缝章，使其成为保险合同的一部分。

（三）汽车保险合同的订立、生效、变更与解除

1．汽车保险合同的订立

汽车保险合同的订立需要经过要约与承诺两个环节。
（1）要约：投保人提出要求。
（2）承诺：保险人同意投保人提出的要求。
保险合同的承诺也叫承保，通常由保险人或其代理人做出。

2．汽车保险合同的生效

汽车保险合同自双方当事人签字或盖章时起合同成立。保险合同的生效与成立的时间不一定一致。我国保险公司普遍推行"零时起保制"，把保险合同生效的时间放在合同成立日的次日零时。

3．汽车保险合同的变更

汽车保险合同的变更是指在保险合同有效期内，投保人和保险人相互协商，在不违反有关法律和法规的情况下，变更保险合同的主体、客体和内容。

4．汽车保险合同的解除

汽车保险合同的解除，是指保险合同成立之后，当法定或约定的事由发生时，一方当事人可以行使解除权，使保险合同效力提前灭失的一种法律行为。

（1）投保人解除汽车保险合同。《保险法》第五十四条规定："保险责任开始前，投保人

要求解除合同的，应当按照合同约定向保险人支付手续费，保险人应当退还保险费。保险责任开始后，投保人要求解除合同的，保险人将已收取的保险费，按照合同约定扣除自保险责任开始之日起至合同解除之日止应收取的部分后，退还投保人。"

（2）保险人解除汽车保险合同。保险人解除汽车保险合同一般受法律限制。《保险法》第十五条规定："除本法另有规定或者保险合同另有约定外，保险合同成立后，保险人不得解除保险合同。"

5．汽车保险合同的终止

汽车保险合同的终止是指当事人之间由合同所确定的权利和义务因法律规定的原因出现而不复存在。如保险合同因期限届满而终止等。

三、签订汽车保险合同的工作流程

签订汽车保险合同的工作流程如图 5-2 所示。

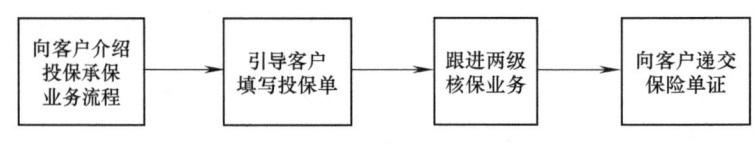

图 5-2　签订汽车保险合同工作流程

（一）向客户介绍投保承保业务流程

汽车保险业务办理需要花费一定的时间，销售顾问应在开展具体工作前，先向客户介绍汽车保险投保承保的相关业务流程和注意事项，让客户心里有数，也可提高工作效率。

通常来讲，汽车保险的投保承保业务办理可以分为投保人投保、展业人员初核、保险公司业务中心核保以及签发保险单证四个环节。

【参考话术 5-6】"×先生/女士，接下来我会为您办理相关的保险手续，在此之前，我会先向您介绍汽车保险业务的办理流程和注意事项，以便更好地节省您的时间。"

（二）引导客户填写投保单

投保人投保必须填写投保单（表 5-14），投保单是投保人向保险人申请订立保险合同的书面要约。销售顾问要指导客户准确填写投保单。如投保单填写的内容不实或故意隐瞒、欺诈，都将影响保险合同的效力。投保单填写的注意事项如下：

（1）用钢笔或者签字笔填写。

（2）由客户亲自填写，且由投保人及被保险人亲笔签字认可。

（3）客户应如实填写各项内容，如果有不实填写，而被保险公司承保，保险公司也可按不实填写告知解除保险合同。

（4）客户应详细填写各项内容，不要空项，包括通信地址、邮政编码及各种通信方式，以便保险公司随时与客户联系。

表 5-14 机动车辆保险投保单

投保人	投保人名称/姓名				投保机动车数		辆	
	联系人姓名		固定电话		移动电话			
	投保人住所				邮政编码			
被保险人	□自然人姓名：		身份证号码					
	□法人或其他组织名称：							
	组织机构代码				职业			
	被保险人单位性质	□党政机关、团体 □事业单位 □军队（武警） □使（领）馆 □个体、私营企业 □其他						
	联系人姓名		固定电话		移动电话			
	被保险人住所				邮政编码			
投保机动车情况	被保险人与机动车的关系	□所有 □使用 □管理			行驶证车主			
	号牌号码			号牌底色	□蓝 □黑 □黄 □白 □白蓝 □其他颜色			
	厂牌型号			发动机号				
	VIN码				车架号			
	核定载客	人	核定载质量	kg	排量/功率	L/kW	整备质量	kg
	初次登记日期	年 月 日		已使用年限	年	年平均行驶里程		km
	车身颜色	□黑色 □白色 □红色 □灰色 □蓝色 □黄色 □绿色 □紫色 □粉色 □棕色 □其他颜色						
	机动车种类	□客车 □货车 □客货两用车 □挂车 □低速货车和三轮汽车 □特种车（请填用途）： □摩托车（不含侧三轮） □侧三轮 □兼用型拖拉机 □运输型拖拉机						
	机动车使用性质	□家庭自用 □非营业用（不含家庭自用） □出租\租赁 □城市公交 □公路客运 □营业性货运						
	上年是否在本公司投保商业机动车保险				□是	□否		
	行使区域	□中国境内 □省内行驶 □场内行驶 □固定路线 具体路线：						
	上次赔款次数	□交强险赔款次数____次 □商业机动车保险赔____次						
投保主险条款名称								
指定驾驶员	姓名		驾驶证号码			初次领证日期		
驾驶人员1		□□□□□□□□□□□□□□□□□□						
驾驶人员2		□□□□□□□□□□□□□□□□□□						
保险期间	____年___月___日零时起至____年____月____日二十四时止							

投保险种		保险金额/责任限额/元	保险费/元	备注
□机动车损失险，新车购置价_____元				
□商业第三者责任险				
□车上人员责任险	驾驶____人	万·人·次		
	乘客人数____人	万·人·次		
	乘客人数____人	人·次		
□全车盗抢险				
□附加玻璃单独破碎险	□国产玻璃			
	□进口玻璃			
□附加车身划痕险				
□附加不计免赔率特约	适用险种	□机动车损失险		
		□第三者责任险		
		□车上人员责任险		
		□全车盗抢险		
		□车身划痕险		
□附加可选免赔额特约		免赔金额：		
保险费合计（人民币大写）			（¥ 元）	
特别约定				
保险合同争议解决方式选择	□诉讼 □提交 _____仲裁委员会仲裁			

投保人声明：保险人已将投保险种对应的保险条款（包括责任免除部分）向本人做了明确说明，本人已充分理解上述所填写的内容均属实，同意以此投保单作为订立保险合同的依据

投保人签名/签章：
____年___月___日

（三）跟进两级核保业务

通常情况下，核保工作采用两级核保体制。先由展业人员、保险经纪人或者保险代理人进行初步核保，在展业人员提交核保申请后，需要由核保人进行核保，决定是否承保、承保条件以及保险费率。其中展业人员初核的主要内容如下：

1．审核投保单

展业人员应当对客户填写的投保单进行审核，确认填写是否完整、清楚，内容是否准确。

2．资料审核

展业人员应对客户提供的所有资料进行详细的审核，包括机动车驾驶证、身份证等。其中要特别注意检查投保单上的信息是否与车辆行驶证上的信息相符。

3．查验车辆

展业人员还应该根据投保单和车辆行驶证对投保车辆进行实际检验。

（1）检查车辆的实际牌照、车型、发动机号、车架号、车身颜色等是否与车辆行驶证一致。

（2）检查发动机、底盘、电气设备以及车身各部分的技术状况。

投保盗抢险的车辆需要拓印车架号与发动机号码并将其附在保险单的正面，也可以拓印牌照留底并将照片贴在保险单背面。

4．录入投保信息，提交核保申请

展业人员在资料审核和查验车辆后，应按照公司规定将投保信息录入计算机系统，并交由核保人员进行审核。

（四）向客户递交保险单证

保险公司的工作人员在接到投保单及其附表后，会根据核保人员的意见，开展保险制单和复核工作。并将做好的保险单（图5-3）等交回给销售顾问，由销售顾问向客户递交。此环节的注意事项如下：

1．收取保险费

只有投保人按约定缴纳了保险费，保险合同才能生效。

2．递交保险单证

汽车保险合同实行一车一单（保险单）和一车一证（保险证）制度。签发单证时，交由被保险人保存的单证有保险单正本、保险费收据和机动车保险证。

3．提醒保险理赔注意事项

销售顾问在向客户递交保险单证的时候，要注意提醒客户在用车过程中需要办理保险理赔事宜的注意事项并请客户保存好保单文件。

【参考话术5-7】"×先生/女士，这是您的保险单，请您妥善保管。另外，这是我们的24小时服务热线，一旦发生事故请您一定要在第一时间第一现场拨打这个电话，我们有专业的理赔顾问会给您提供全程指引和协助的。"

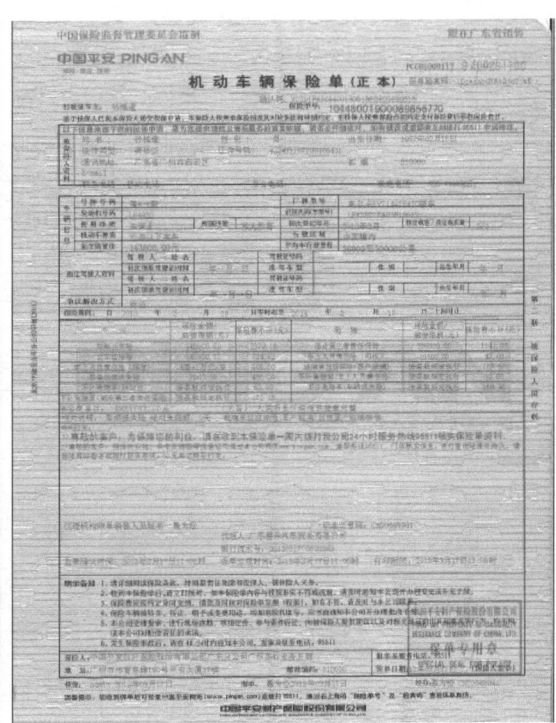

图 5-3 保险单正本

步骤 1 拟订任务实施计划

在正式实施办理相关投保手续前,可以按照"任务知识"中的相关内容进行工作步骤要点梳理及话术设计,完成表 5-15。

表 5-15 "汽车保险合同签订"工作步骤要点梳理及话术设计

工作步骤	步骤要点	话术设计
向客户介绍投保承保业务流程		
引导客户填写投保单		
跟进两级核保		—
向客户递交保险单证		

步骤 2 按计划进行任务前演练

拟订任务实施计划后,小组成员可以在组内寻找搭档,进行"签订汽车保险合同"工作前演练,并按照表 5-16 进行观察记录。

步骤 3 根据演练情况,修订任务计划

演练结束后,可以根据观察记录情况,对拟订的任务计划进行修订,以确保工作任务顺利完成。

步骤 4　正式完成汽车保险合同签订任务

完成工作计划修订后，可按照修订后的任务计划正式完成"汽车保险合同签订"任务，并按照表 5-16 进行评分。

表 5-16　销售顾问"汽车保险合同签订"工作过程观察评价

任务	观察及评价项目	步骤2观察记录		步骤4评分			
		是	否	评价分值	自评分（10%）	互评分（30%）	教师评分（60%）
签订汽车保险合同	能够与客户营造良好的沟通氛围			10分			
	能够运用简明扼要的语言介绍汽车保险投保承保业务流程			15分			
	能够引导客户完整、准确地填写投保单			15分			
	能够进行投保单、客户资料、汽车资料的初审			15分			
	能够及时跟进核保工作的办理进度			10分			
	能够及时向客户递交保险单证并讲解注意事项			15分			
职业素养	能够灵活运用计划内容进行演练			10分			
	仪态自然、大方；语言清晰，语速、语音、语调适中			5分			
	工位整洁干净，文件摆放有序			5分			
小　计							
总评分（自评分×10%+互评平均分×30%+教师评分×60%）							

任务评价

"汽车保险合同签订"任务评价见表 5-17。

表 5-17　学习任务 2"汽车保险合同签订"评价

评价方向	评价项目	是	否
个人评价	通过互联网、市场调研等各种渠道获取签订汽车保险合同工作的相关信息，并主动咨询信息的可靠性		
	清晰表述汽车保险合同的不同形式以及合同订立、生效、变更与解除的相关规定		
	向客户介绍投保承保流程，并引导客户填写投保单，完成客户车险的承保工作，订立汽车保险合同		
	与他人合作，进行有效沟通		
	遵守一体化课室 6S 管理规定，逐步养成良好的工作习惯，增强责任感		
小组评价	小组成员是否全部参与了计划策划及实施过程		
	小组成员是否具有团队意识，是否相互配合		
	小组成员沟通是否顺畅		
	小组成员能否自主学习并尊重他人		
	小组成员能否客观地自评与互评		
	小组成员是否服从教师安排		
	小组成员是否遵守 6S 管理规定，保证学习环境的干净整洁		

 **任务拓展**

1．本次学习任务为签订汽车保险合同，如果客户在办理完所有手续后，因特殊情况需要更改保险内容时，销售顾问应如何处理？

2．在与客户进行商务洽谈过程中，客户除了关心汽车保险业务外，往往也会考虑汽车消费信贷方面的相关事宜，请了解汽车消费信贷的有关内容。

任务3　汽车贷款

 任务目标

1．通过互联网、市场调研等各种渠道获取汽车贷款工作的相关信息，并主动咨询信息的可靠性。

2．清晰表述汽车贷款相关术语的具体内容。

3．为客户设计符合需求的汽车贷款方案并向客户推介。

4．向客户介绍汽车贷款业务办理流程，并引导客户准确填写"汽车贷款申请表"。

5．与他人合作，进行有效沟通。

6．遵守一体化课室6S管理规定，逐步养成良好的工作习惯，增强责任感。

 任务情景

1．情景描述

在和客户张斌夫妇进行具体成交事宜洽谈时，王平发现张先生在付款方式上犹豫不决，既想要一次性付款，又不想占用过多的资金。因此王平建议张先生采用汽车信贷的方式购车，并详细地为张先生介绍了汽车贷款的好处。通过王平的介绍，张先生对于贷款购车的方式很感兴趣，希望王平为其设计信用卡分期付款和汽车金融公司贷款两种方案，同时张先生还想了解一下汽车贷款办理的手续问题。

客户信息

张先生　年龄：40岁左右
职业：移动通信设备代理商。
业余生活和爱好：自驾游、购物、酒吧。
家庭成员：3人，本人、太太和孩子（6岁男孩，马上上小学，太太负责接送）。
购车用途：商务用车兼顾家用。
驾驶习惯：喜欢激情驾驶，驾龄15年。
经常的乘员：自己驾驶（太太自己有车，大众帕萨特）。
车位信息：在居住的小区有一个固定车位。
选购的车辆信息：选择了本店某款高配置车型，车价为100万元。考虑贷款。对汽车保险要求较高。

信用卡分期资料（表 5-18）

表 5-18　信用卡分期资料

	A 银行信用卡中心				B 银行信用卡中心			
分期期限	12 期、18 期、24 期、36 期				12 期、18 期、24 期、36 期			
信用额度	最高 50 万元				最高 80 万元			
首付比例	最低 30%				最低 30%			
费率	5.5%	10.5%	10.5%	14.5%	4%	8%	8%	12%

汽车金融公司贷款资料（表 5-19）

表 5-19　汽车金融公司贷款资料

公 司 名 称	AB 汽车金融公司				
首 付 比 例	最低 20%				
期　　数	12	24	36	48	60
年 利 率	0.00%	0.00%	3.37%	7.02%	8.05%
每万元月供额	833.33	416.67	292.46	239.57	203.00

2．任务要求

（1）请以小组合作方式，讨论分析王平可以为张先生设计哪些汽车贷款方案。形成小组意见后，统一提交。

（2）请与组内搭档合作，轮流以销售顾问的身份，向客户推介汽车贷款方案。向客户介绍汽车贷款业务办理流程，并引导客户准确填写"汽车贷款申请表"。

任务知识

一、汽车贷款相关术语

（一）汽车贷款

根据《汽车贷款管理办法》，汽车贷款是指贷款人向借款人发放的用于购买汽车（含二手车）的贷款，包括个人汽车贷款、经销商汽车贷款和机构汽车贷款。其中个人汽车贷款，是指贷款人向个人借款人发放的用于购买汽车的贷款。经销商汽车贷款是指贷款人向汽车经销商发放的用于采购车辆和（或）零配件的贷款。机构汽车贷款是指贷款人对除经销商以外的法人、其他经济组织发放的用于购买汽车的贷款。本书重点介绍个人汽车贷款的相关内容。

（二）贷款购车类型

自用车是指借款人通过汽车贷款购买的、不以营利为目的的汽车；商用车是指借款人通过汽车贷款购买的、以营利为目的的汽车；二手车是指从办理完机动车注册登记手续到规定报废年限一年之前进行所有权变更并依法办理过户手续的汽车。

（三）汽车贷款基本要素

1. 首付

首付是指消费者使用贷款购车时，在确定交易后首先支付的一笔款项。剩余的金额将由分期贷款的形式完成。对于消费者来说，首付越高，贷款金额越低，因此在其他要素不变的情况下，月供的压力也相对较小。

根据《汽车贷款管理办法》的相关规定，贷款人发放自用车贷款的金额不得超过借款人所购汽车价格的80%；发放商用车贷款的金额不得超过借款人所购汽车价格的70%；发放二手车贷款的金额不得超过借款人所购汽车价格的50%。

其中所称汽车价格，对新车是指汽车实际成交价格（不含各类附加税、费及保费等）与汽车生产商公布的价格的较低者，对二手车是指汽车实际成交价格（不含各类附加税、费及保费等）与贷款人评估价格的较低者。

2. 贷款金额

贷款金额是金融机构向借款人提供的每笔贷款的授信额度。贷款金额由借款人在申请贷款时提出，金融机构根据情况核定。一般而言，贷款金额高低由消费者选择汽车的价格以及他所能支付的首付有关，同时也和他对未来收入的预期有关。

3. 弹性尾款

弹性尾款是为了减轻贷款用户月供压力，在贷款金额中预留一部分，该部分贷款金额无须在贷款期间进行还付，而是保留在贷款月供的最后一个月处理即可，处理方式包括一次性结清弹性尾款、对弹性尾款申请展期或二手车置换三种。一般而言，弹性尾款金额的高低对贷款客户的月供额有较大影响，贷款用户可根据月还款能力以及未来一次性收入情况选择。在其他要素不变的情况下，弹性尾款越高，则月供越低，支付的总利息也越高。通常弹性尾款比例不超过贷款金额的25%。

4. 贷款期限

贷款期限是指从贷款合同生效之日起，到最后一笔贷款本金或利息支付日止的这段时间，一般按照期数（年或月）计。贷款期限一般由借款人提出，经与金融机构协商后确定，并载于贷款合同中。在其他要素不变时，贷款期限越长，则月供额越低，但所需支付的利息总量也越高。

根据《汽车贷款管理办法》的相关规定，汽车贷款的期限（含展期）不得超过5年，其中，二手车贷款的期限（含展期）不得超过3年，经销商汽车贷款的期限不得超过1年。

5. 贷款利率

利息是借款者为取得货币资金的使用权而支付给贷款者的一定代价，利息是作为借入货币的代价或贷出货币的报酬。利息水平的高低是通过利息率表示出来的。

利率的全称是利息率，是指借款期限内利息数额与本金额的比例。贷款利率的高低直接影响着客户的经济利益。当其他要素不变时，利率越高，客户所需支付的利息就越高。

常用利率种类如下：

(1) 年利率：按本金的百分比（%）表示。

(2) 月利率：按本金的千分比（‰）表示；月利率=年利率÷12。

（3）日利率：按本金的万分比（‰）表示；日利率=年利率÷360。

6. 月供额

月供额是指每月偿还的金额，包括本金和未还贷款金额产生的利息。月供额可以固定，也可以浮动，随着所选择的还贷方式的不同而变化。通常来讲，贷款金额不变时，贷款期限越短，则月供额越高，月供额越高，则每月对消费者的经济压力越大。

（1）等额本息还款法：在还款期内，每月偿还同等数额的贷款（包括本金和利息），这样由于每月的还款额固定，可以有计划地控制家庭收入的支出，也便于每个家庭根据自己的收入情况确定还贷能力。

月供额=贷款总额×月利率+贷款总额×月利率÷[（1+月利率）^{还款总月数}−1]

（2）等额本金还款法：是将本金每月等额偿还，然后根据剩余本金计算利息，所以初期由于本金较多，将支付较多的利息，从而使还款额在初期较多，而在随后的时间每月递减。这种方式的好处是，由于在初期偿还较大款项而减少了利息的支出，比较适合还款能力较强的家庭。

月供额=贷款本金÷还款总月数+（贷款本金-已归还本金累计额）×月利率

【例题5-3】假设1万元的贷款额度，按月利率3.45%计算，试计算一年期每月供款情况及供款本息总额。

解答：① 等额本息还款法。

月供额=贷款总额×月利率+贷款总额×月利率÷[（1+月利率）^{还款总月数}−1]

=10000×3.45%+10000×3.45%÷[（1+3.45%）^{12}−1]

=1031.80（元）

供款本息总额=1031.80×12=12381.56（元）

② 等额本金还款法（表5-20）。

第1期月供额=贷款本金÷还款总月数+（贷款本金-已归还本金累计额）×月利率

=10000÷12+（10000-0）×3.45%

=1178.33（元）

表5-20 等额本金还款法相关数据

期 次	偿还利息/元	偿还本金/元	偿还本息/元	剩余本金/元
1	345	833.33	1178.33	9166.67
2	316.25	833.33	1149.58	8333.33
3	287.5	833.33	1120.83	7500
4	258.75	833.33	1092.08	6666.67
5	230	833.33	1063.33	5833.33
6	201.25	833.33	1034.58	5000
7	172.5	833.33	1005.83	4166.67
8	143.75	833.33	977.08	3333.33
9	115	833.33	948.33	2500
10	86.25	833.33	919.58	1666.67
11	57.5	833.33	890.83	833.33
12	28.75	833.33	862.08	0
合计	2242.5	10000	12242.5	

（四）汽车消费贷款保证保险

（1）投保人：汽车消费贷款投保人指根据中国人民银行《汽车消费贷款管理办法》规定，与被保险人订立《汽车消费贷款合同》，以贷款购买汽车的中国公民、企业、事业单位法人。

（2）被保险人：汽车消费贷款被保险人指为投保人提供贷款的国有商业银行或经中国人民银行批准经营汽车消费贷款业务的其他金融机构。

（3）保险责任事故：投保人逾期未能按《汽车消费贷款合同》规定的期限偿还欠款满1个月的，视为保险责任事故发生。

保险责任事故发生后6个月，投保人不能履行规定的还款责任，保险人负责偿还投保人的欠款。

（4）保险期限和保险金额。

1）汽车消费贷款保险期限是从投保人获得贷款之日起，至付清最后一笔贷款之日止，但最长不得超过《汽车消费贷款合同》规定的最后还款日后的1个月。

2）汽车消费贷款保险金额为投保人的贷款金额（不含利息、罚息及违约金）。

二、汽车贷款工作流程

汽车贷款工作流程如图5-4所示。

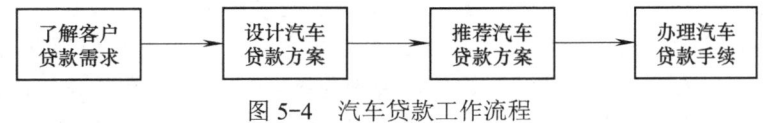

图5-4　汽车贷款工作流程

（一）了解客户贷款需求

汽车消费信贷已经成为销售顾问的重要工作内容之一。在为客户设计并推荐汽车贷款方案之前，销售顾问应了解客户贷款需求，并通过推荐金融方案创造客户贷款需求。

1．不同类型客户的贷款需求

不同类型客户的贷款需求见表5-21。

表5-21　不同类型客户的贷款需求

客户类型	客户特征	贷款需求
储蓄型客户	家庭财政相对稳定，有一定的存款 每月有稳定的余钱 对贷款所产生的利息很敏感	不愿因攒钱购车而影响家庭生活质量 可以接受用低息贷款来支付部分车款
个人投资型客户	现金收入稳定 当前现金正投资于股票、房产或其他投资渠道中	对自己的投资回报有信心，希望购车消费不会对投资造成冲击 愿意贷款消费，对利率不敏感
生意型客户（中小业主）	资金流动快，灵活并且量大 对大笔资金的投入（支出）很敏感	收入波动性大，业务不稳定，银行不愿贷款。希望多渠道筹措资金，利用财务杠杆减少对业务的冲击 愿意支付利息，对利率不敏感

2．客户申请贷款的资格

根据《汽车贷款管理办法》规定，借款人申请个人汽车贷款，应当同时符合以下条件：

（1）是中华人民共和国公民，或在中华人民共和国境内连续居住一年以上（含一年）的港、澳、台居民及外国人。

（2）具有有效身份证明、固定和详细住址且具有完全民事行为能力。

（3）具有稳定的合法收入或足够偿还贷款本息的个人合法资产。

（4）个人信用良好。

（5）能够支付贷款机构规定的首期付款。

（6）贷款人要求的其他条件。

3．客户在汽车贷款方面的关注点

销售顾问应了解客户在汽车贷款方面有哪些关注点，准确回答客户问题，并根据客户的关注点去设计汽车贷款方案。

 销售小技巧

常见的客户汽车贷款关注问题及参考话术

客户：申请时需要提交什么资料？麻烦吗？

【参考话术 5-8】"不麻烦，申请所需要的材料非常简单，都是一般办理贷款所需要准备的东西，如身份证、户口本等。我这里已经为您制作了资料清单，需要准备的材料都列出来了，您只需要准备好后拿过来，后续工作交给我们来跟进就可以了。"

客户：贷款购车需要的时间很长，我要等多久才能拿到车？

【参考话术 5-9】"现在信贷办理的时间已经缩短了很多，只要您能够及时提供相关资料，一般来讲××天就可以有结果了。另外，由于您选择的车型非常紧俏，目前没有现车，但由于您对我们的品牌如此喜爱，我们会特意为您开辟 VIP 通道，一旦您的贷款申请获得通过，我们将在有限的资源里优先为您提供车辆，以感谢您对我们品牌的认可，估计××天就可以提车了。"

客户：我可以向哪些金融机构申请贷款购车？

【参考话术 5-10】"我们可以为您提供××银行、××金融等多家金融合作伙伴，我们会根据您的具体情况给您量身定做一套方案，能请问一下您从事的行业吗……？其实每个银行或金融机构都有不同的要求，我觉得您的情况应该办理××金融贷款，××金融贷款可以满足您的……状况。"

客户：我觉得××品牌的贷款方案比你们好很多。

【参考话术 5-11】"看来您对汽车消费信贷方面有着非常深入的了解，我可以请问一下，您为什么觉得××品牌的贷款方案比我们的好呢？"

【参考话术 5-12】"我们为您这样的优质客户提供的是最优质的汽车金融服务，包括推荐的正规金融机构，全程协助您办理金融业务流程，保障客户所质押文件安全等。这也是我们同其他品牌最大的区别，这些高质量的服务会让您感觉物超所值的。"

（二）设计汽车贷款方案

1．银行贷款方案

（1）传统车贷方案。传统的信贷产品办理起来手续比较复杂，审批流程非常严格，成本高、利润低，已经不是银行的主推产品。银行传统汽车贷款流程有两种形式。内容分别如下：

1）间客式：借款人到银行特约汽车经销商处选购汽车，提交有关贷款申请资料，并由汽车经销商转交银行提出贷款申请。银行经贷款调查审批同意后，签订借款合同、担保合同，并办理公证、保险手续。

2）直客式：借款人直接向银行提交有关汽车贷款申请资料，银行经贷款调查审批同意后，签订借款合同、担保合同。借款人再到银行特约汽车经销商处选购汽车。汽车贷款由银行以转账方式直接划入汽车经销商的账户。

（2）信用卡分期车贷方案。各银行目前主推的汽车信贷产品是信用卡分期购车信贷产品。信用卡分期购车是指信用卡持卡人购车时，由银行向商户一次性支付持卡人部分购车资金，然后让持卡人分期向银行还款的过程。信用卡分期购车不存在贷款利率，银行只收取手续费，不同分期的手续费率各有不同。

信用卡分期车贷方案包括 5 个基本要素，分别是首付款、分期总金额、还款期数、手续费率以及每期还款金额。车贷方案具体计算方法如下：

1）车价首付款=购车价格×首付比例。
2）分期总金额=购车价格-首付款（或者是购车价格×贷款比例）。
3）持卡人手续费=分期总金额×持卡人手续费率（手续费一次性收取）。
4）分期首月还款金额=持卡人手续费+分期金额/期数。
5）第二个月起每月还款金额=分期金额/期数。

【例题 5-4】客户张先生购买一辆价格为 250000 元的汽车，经过对比后选择在××银行办理信用卡分期车贷，首付比例为 30%，还款期数为 24 期，分期费率为 6%。请为张先生列出完整的车贷方案。

解答：

① 车价首付款=购车价格×首付比例
    =250000×30%
    =75000（元）

② 分期总金额=购车价格-首付款（或者是购车价格×贷款比例）
    =250000-75000
    =175000（元）

③ 持卡人手续费=分期总金额×持卡人手续费率
    175000×6%
    =10500（元）

④ 分期首月还款金额=持卡人手续费+分期金额/期数
    =10500+175000/24
    ≈17791.67（元）

⑤ 第二个月起每月还款金额=分期金额/期数
    =175000/24
    ≈7291.67（元）

2. 汽车金融公司贷款方案

汽车金融公司是指经中国银行业监督管理委员会批准设立的，为中国境内的汽车购买者及消费者提供金融服务的非银行金融机构。我国市场上主要的汽车金融公司有上汽通用、大众、福特、丰田、戴克和北京现代等公司，各公司所提供的金融产品既有相同又各有特色，分别适用于不同的车型。

汽车金融公司贷款虽然一般只针对该汽车公司旗下的车型，在车型选择上会有一定的限制条件，且贷款利率高于银行，但其同时具有申请门槛低、首付比例低、贷款时间长、审批灵活、速度快等特点，所以近年来，汽车金融公司贷款已逐渐成为许多消费者选择购车贷款的主要渠道之一。

汽车金融公司车贷方案包括 5 个基本要素，分别是首付款、贷款金额、贷款期数、贷款费率以及月供款额。在实际工作过程中，销售顾问可以按照金融机构提供的"每万元月供款额"直接帮客户计算贷款。

1）车价首付款=购车价格×首付比例。
2）贷款金额=购车价格-首付款（或者是购车价格×贷款比例）。
3）月供款额=贷款金额×每万元月供款额。
4）供款本息总额=月供款额×贷款期数（月）。
5）利息总额=供款本息总额-贷款总额。

【例题 5-5】客户张先生购买一辆价格为 268000 元的汽车，经过对比后选择在××汽车金融公司办理汽车贷款，首付比例为 30%，还款期数为 36 期，利率及万元月供额见表 5-22。请为张先生列出完整的车贷方案。

表 5-22 利率及万元月供额

期数	12	24	36	48	60
年利率	0.00%	0.00%	3.37%	7.02%	8.05%
每万元月供额/元	833.33	416.67	292.46	239.57	203.00

解答：

① 车价首付款=购车价格×首付比例
　　　　　=268000×30%
　　　　　=80400（元）

② 贷款金额=购车价格-首付款（或者是购车价格×贷款比例）
　　　　　=268000-80400
　　　　　=187600（元）

③ 月供款额=贷款金额×每万元月供款额
　　　　　=18.76×292.46
　　　　　≈5486.55（元）

④ 供款本息总额=月供款额×贷款期数（月）
　　　　　=5486.55×36
　　　　　=197515.8（元）

⑤ 利息总额=供款本息总额-贷款总额
　　　　　=197515.8-187600
　　　　　=9915.8（元）

3．汽车租赁公司融资租赁方案

汽车租赁公司融资租赁是新兴的一种汽车金融方式，是指专业汽车融资租赁公司可根据客户用车需求购买指定车型，租赁期限内，客户只需缴纳一定比率的首付款或保证金，同时定期承担相应的租金，即可享受车辆的使用权。租期结束后，车辆所有权转移给客户。

融资租赁的优势在于客户可以个性化选择搭配车款、购置税、保险费、延保、精品加装等套餐进行组合融资，融资方式灵活多样，见表5-23。不足之处主要体现在利率较高，缺乏健全的法律法规制度等。

表5-23 汽车融资租赁方案示例

客户情况：客户张先生购买一辆价格为1000000元的汽车，经过对比后选择在××汽车租赁公司办理汽车融资租赁，该公司有三种方案供客户选择	
方案一	打包租赁：将车价、购置费、保险费、牌照费打包进行融资租赁，在合同期内每月等额支付租金，期末不留高残值即合同期满后转移所有权
方案二	裸车租赁：仅对车价进行融资租赁，在合同期内每月等额支付租金，期末不留高残值即合同期满后转移所有权
方案三	裸车租赁留残值：仅对车价进行融资租赁，在合同期内每月等额支付租金，期末留较高的残值，在合同期满后支付剩余残值转移所有权，或选择放弃所有权获取

（三）推荐汽车贷款方案

在为客户设计好合理的汽车贷款方案后，汽车销售顾问应及时准确地向客户推荐方案。

1．介绍方案内容

销售顾问在向客户推荐汽车贷款方案时，可以首先简明扼要地说明方案的大致内容。

【参考话术 5-13】"×先生/女士，根据您的实际情况，我帮您设计了一份贷款方案，是采用信用卡分期的方式，这种方式是最多客户选择的方式，而且不涉及利率，只需要少量手续费就可以办理了。"

2．讲解方案内容

在介绍完汽车贷款方案的大致内容后，销售顾问应向客户讲解方案的详细内容，以及如何体现对客户的利益。

【参考话术 5-14】"×先生/女士，信用卡分期车贷方案主要包括首付款、分期总金额、还款期数、手续费率以及每期还款金额5项内容，下面我帮您详细介绍一下。"

3．介绍各种方案的特殊要求

在方案基本获得客户认可后，销售顾问应适时向客户介绍各种信贷方案的特殊要求，以免与客户的沟通产生误会。

【参考话术 5-15】"×先生/女士，您选择的分期方案是最划算的一个方案，您真是精明能干！下面我向您介绍一下这个方案的一些特殊规定，您选择的方案是裸车租赁方案，在这个方案里，承租人需自行支付牌照费、购置税、保险费、公路费等费用；另外，若发生意外交通事故，赔付金额超出保险公司理赔总额的，超出部分由承租人支付。"

（四）办理汽车贷款手续

1．向客户介绍汽车贷款办理流程

汽车贷款业务办理需要花费一定的时间，销售顾问应在开展具体工作前，先向客户介绍汽车贷款业务办理的相关流程和需要客户协助的地方，让客户心里有数，也可提高工作效率。

在日常工作中，无论是哪一种汽车贷款方式，其贷款流程均如图5-5所示。销售顾问应按照流程指引，引导及协助客户办理完汽车贷款手续。其中贷款调查、贷款审批、贷款发放均由金融机构完成，客户主要是填写贷款申请、提供申请资料以及按时偿还贷款。

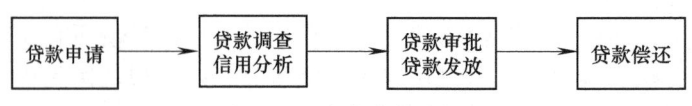

图 5-5 汽车贷款流程

【参考话术 5-16】 "×先生/女士,接下来我会为您办理相关的贷款手续,在此之前,我会先向您介绍一下汽车贷款业务的办理流程和注意事项,以便更好地节省您的时间。"

【参考话术 5-17】 "×先生/女士,接下来我会为您办理相关的贷款手续,一般来说,贷款业务办理包括贷款申请、贷款调查、贷款审批等过程,一般时间为一周左右,当然,审批时间是和您提供资料的及时性和准确性紧密联系的。"

2. 引导客户填写"贷款申请表"

客户申请贷款必须如实准确地填写"贷款申请表"(表5-24)。

表 5-24 个人汽车消费贷款申请表

★申请人姓名		拼音		★性别	★出生年月		★年龄	
★证件类型		★证件有效期		★现居住地址				
★证件号码								
★婚姻情况			家庭人数		★住宅电话		★邮编	
★单位名称/所在部门				★单位地址				
★单位电话			★单位邮编		★手机号码			
★学历			工龄 年		★职务/岗位		★月平均收入	
申请人配偶情况	★姓名			★学历		★月平均收入		
	★工作单位					★单位电话		
	★单位地址					★单位邮编		
	★手机号码			工龄 年		★职务		
家庭主要财产状况								
拟购车情况	售车单位名称							
	售车单位联系电话							
	★购车品牌			★购车型号		★车价总金额		
★申请贷款金额					★贷款期限			
已付购车款					贷款占车价比例			
★贷款产品名称			★还款方式	□等额本息 □等额本金 □弹性尾款(尾款比例%) □其他				
★汽车贷款每月还款额				每月还款占家庭收入比例				
担保人情况	姓名			学历		月平均收入		
	工作单位					单位电话		
	单位地址					单位邮编		
	手机号码			工龄		职务		

本人声明:以上提供的所有资料是真实的、合法、有效的,并愿意按照贷款银行/金融公司的规定办理借款手续

★申请、抵押人(签名):＿＿＿＿＿＿＿＿ 配偶(签名):＿＿＿＿＿＿＿＿ 共有人(签名):

申请日期:＿＿＿＿＿＿年＿＿＿＿月＿＿＿＿日

注:标"★"号为必填项

3. 告知客户需提供的贷款申请资料

关于客户所需要提供的贷款申请资料，不同的金融机构有着不同的要求。总体来说，均在下列资料的范围之内。

(1)"贷款申请表"。

(2)身份证、户口簿或其他有效居留证件原件，并提供其复印件。

(3)职业和经济收入证明，包括但不限于单位开具的收入证明、银行存单、信用卡对账单、纳税证明等。

(4)与经销商签订的购车协议、合同或者购车意向书。

(5)担保所需的证明或文件，包括抵（质）押物清单和有处分权人（含财产共有人）同意抵、质押的证明；有权部门出具的抵押物所有权或使用权证明、书面估价证明（车辆发票价格结合市场公布价格所做的书面估价）、同意保险的文件；质押物需交付质押物或权利证明文件；保证人同意履行连带责任保证的保证合同、有关资信证明材料；或满足信用贷款条件的证明文件。

(6)已缴付首期购车款的相关证明。

(7)金融机构要求提供的其他文件资料。

4. 跟进贷款审批进度

销售顾问在收集并递交客户的贷款申请资料后，应继续跟进客户贷款的审批进度，并及时与客户沟通，确保客户能在最短的时间内办理完贷款手续。

任务实施

步骤1 拟订任务实施计划

在正式实施汽车贷款相关工作任务前，可以按照"任务知识"中的相关内容进行工作步骤要点梳理及话术设计，完成表5-25。

表5-25 汽车贷款工作步骤要点梳理及话术设计

工作步骤	步骤要点	话术设计
了解客户贷款需求		
设计汽车贷款方案		—
向客户推荐汽车贷款方案		
向客户介绍汽车贷款办理流程		
引导客户准确填写"贷款申请表"		

步骤2 按计划进行任务演练

拟订任务实施计划后，小组成员可以在组内寻找搭档，进行"汽车贷款"工作前演练，并按照表5-26进行观察记录。

步骤3 根据演练情况，修订任务计划

演练结束后，可以根据观察记录情况，对拟订的任务计划进行修订，以确保工作任务顺利完成。

步骤4 正式完成汽车贷款工作任务

完成工作计划修订后,可按照修订后的任务计划正式完成"汽车贷款"工作任务,并按照表5-26进行评分。

表5-26 销售顾问"汽车贷款"相关工作过程观察评价表

任务	观察及评价项目	步骤2观察记录		步骤4评分			
		是	否	评价分值	自评分(10%)	互评分(30%)	教师评分(60%)
汽车贷款	能够与客户营造良好的沟通氛围			10分			
	能够合理运用提问和倾听技巧,挖掘客户贷款需求			10分			
	能够设计符合客户需求的汽车贷款方案,计算准确			15分			
	能够向客户推荐汽车贷款方案,讲解清晰,侧重客户利益			15分			
	能够向客户介绍汽车贷款办理流程,讲解清晰			15分			
	能够引导客户准确填写"贷款申请表"			15分			
职业素养	能够灵活运用计划内容进行演练			10分			
	仪态自然,大方;语言清晰,语速、语音、语调适中			5分			
	工位整洁干净,文件摆放有序			5分			
小 计							
总评分(自评分×10%+互评平均分×30%+教师评分×60%)							

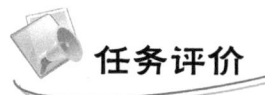

任务评价

"汽车贷款"任务评价见表5-27。

表5-27 学习任务3"汽车贷款"评价表

评价方式	评价项目	是	否
个人评价	通过互联网、市场调研等各种渠道获取签订汽车贷款工作的相关信息,并主动咨询信息的可靠性		
	清晰表述汽车贷款相关术语的具体内容		
	为客户设计符合需求的汽车贷款方案并向客户推介		
	向客户介绍汽车贷款业务办理流程,并引导客户准确填写"汽车贷款申请表"		
	与他人合作,进行有效沟通		
	遵守一体化课室6S管理规定,逐步养成良好的工作习惯,增强责任感		
小组评价	小组成员是否全部参与了计划策划及实施过程		
	小组成员是否具有团队意识,是否相互配合		
	小组成员沟通是否顺畅		
	小组成员能否自主学习并尊重他人		
	小组成员能否客观地自评与互评		
	小组成员是否服从教师安排		
	小组成员是否遵守6S管理规定,保证学习环境的干净整洁		

任务拓展

1. 本次学习任务为汽车贷款,那么客户在还贷过程中,可否申请提前还款?如果提前还款,是否还需缴纳额外费用?客户申请提前还款的流程是怎样的?
2. 在还贷期间,客户能否将车辆过户给其他人员?

基础知识训练

一、填空题

1. 按照风险损失的对象进行分类,风险可以分为_____、_____、责任风险和信用风险。
2. 与保险人订立保险合同并按照保险合同负有支付保险费义务的人称为_____。
3. 我国的汽车保险分为_____和商业保险两大类,汽车商业保险又分为基本险(主险)和_____。
4. _____是保险人和投保人之间订立保险合同的正式书面凭证,是在保险合同成立之后,由_____向投保人签发。
5. 汽车保险合同的订立需要经过_____与_____两个环节。
6. _____是投保人向保险人申请订立保险合同的书面要约。
7. _____是指消费者使用贷款购车时,在确定交易后首先支付的一笔款项。
8. 根据《汽车贷款管理办法》的相关规定,贷款人发放自用车贷款的金额不得超过借款人所购汽车价格的_____。
9. 根据《汽车贷款管理办法》的相关规定,汽车贷款的贷款期限(含展期)不得超过_____年,其中,二手车贷款的贷款期限(含展期)不得超过_____年。
10. 汽车金融公司贷款方案中,销售顾问可以按照金融机构提供的_____直接帮客户计算贷款。

二、不定项选择题(每题有一个或多个答案正确)

1. 下列选项中,属于汽车保险主险的有( )。
   A. 车辆损失险 B. 车上货物责任险
   C. 机动车第三者责任险 D. 交强险
2. 车辆损失险的保险金额由投保人和保险人从下列三种方式中选择确定,分别是( )。
   A. 按投保时保险车辆的新车购置价确定
   B. 按投保时保险车辆的实际价值确定
   C. 在投保时被保险机动车的新车购置价内协商确定
   D. 双方协商确定即可

3. 以下说法中正确的有（　　）。
   A. 交强险必须投保
   B. 不要重复投保
   C. 不要超额投保
   D. 车辆损失险要足额投保
4. 汽车保险合同的形式包括（　　）。
   A. 投保单
   B. 保险单
   C. 暂保单
   D. 保险凭证
5. 下列说法中正确的有（　　）。
   A. 保险合同的承诺也叫承保，通常由保险人或其代理人做出
   B. 保险合同的生效与成立的时间必须一致
   C. 保险责任开始前，投保人要求解除合同的，应当按照合同约定向保险人支付手续费，保险人应当退还保险费
   D. 原保险合同有效期满后，投保人不可以在原有保险合同的基础上向保险人提出续保申请，只能重新选择购买
6. 下列说法中不正确的有（　　）。
   A. 商用车是指借款人通过汽车贷款购买的、不以营利为目的的汽车
   B. 贷款金额是金融机构向借款人提供的每笔贷款的授信额度
   C. 经销商汽车贷款的贷款期限不得超过 1 年
   D. 当其他要素不变时，利率越高，消费者所需支付的利息就越高
7. 信用卡分期车贷方案包括 5 个基本要素，分别是首付款、分期总金额、（　　）、以及每期还款金额。
   A. 还款期数
   B. 手续费率
   C. 利率
   D. 置换费用
8. 通常客户所需要提供的贷款申请资料包括（　　）。
   A. 身份证、户口簿或其他有效居留证件原件，并提供其复印件
   B. "贷款申请表"
   C. 职业和经济收入证明
   D. 已缴付首期购车款的相关证明

三、判断题

1. 保险金额为保险对象的财产及其有关利益或人的生命和身体，它是保险利益的载体。（　　）
2. 保险金额越大，保险费率越高，保险期限越长，则保险费也就越多。（　　）
3. 机动车第三者责任险按照地区、座位数/吨位数/排量/功率、责任限额直接查找保费。（　　）
4. 客户只要是重复投保，就会得到超价值赔款。（　　）
5. 批单是用来根据保险合同可能需要部分变动的情况，对保险单进行批改。（　　）
6. 汽车保险合同实行一车一单（保险单）和一车一证（保险证）的制度。（　　）
7. 在其他要素不变时，贷款期限越长则月供越高，所需支付的利息总量也越高。（　　）
8. 信用卡分期购车不存在贷款利率，银行只收取手续费，不同分期的手续费率各有

不同。

（　　）

四、简答题

1. 请列举常见的汽车保险种类。
2. 请列举常见的五种汽车保险组合方案。
3. 请列举并解释汽车贷款的基本要素。

五、情景模拟题

☐　实战情景

销售顾问该如何巧妙地询问顾客是一次性付清还是按揭支付？

☐　情景分析及应对

_____

_____

学习情境六　报价成交

学习情境描述

在完成汽车产品推介和试乘试驾的学习后，王平开始学习向客户报价成交。在对产品基本满意后，客户的关注点会转移到价格、优惠、赠品、保险、汽车消费信贷等方面，并会产生各种价格异议。所以，在这一阶段，王平需要学会向客户报价，处理客户异议并促进成交，和客户签订购车合同等工作内容。

学习目标

1. 根据客户的需求完成报价单的制作，并运用各种方法向客户报价。
2. 有效处理客户价格异议。
3. 促成交易，并与客户签订购车合同。

学习任务

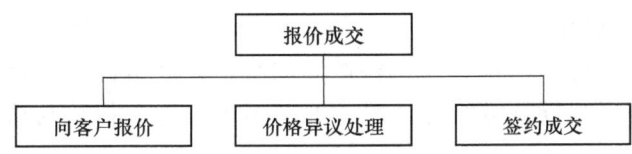

建议学时

18 学时。

任务1　向客户报价

1．通过互联网、市场调研等各种渠道获取向客户报价工作的相关信息，并主动咨询信息的可靠性。
2．清晰表述常用的报价方法内容。
3．根据客户的需求完成报价单的制作，并运用各种方法向客户报价。
4．与他人合作，进行有效沟通。
5．遵守一体化课室6S管理规定，逐步养成良好的工作习惯，增强责任感。

1．情景描述

通过王平详细的汽车产品推介，客户张斌夫妇已经确定了意向车型。现在需要开始进一步地与客户洽谈关于价格、购车费用等方面的问题，张先生希望王平根据他的具体情况，为他量身设计一份报价单，并向他做出详细的说明。

2．任务要求

（1）请以小组合作方式，讨论分析王平应如何制作报价单，报价单中应包含哪些内容。形成小组意见后，统一提交。
（2）请与组内搭档合作，轮流以销售顾问的身份，完成此次产品报价任务。其中涉及的保险组合方案和汽车贷款方案可按照学习情境五"汽车保险与信贷"中的任务资料完成。

客户信息

张先生　年龄：40岁左右
职业：移动通信设备代理商。
选购的车辆信息：选择了本店某款高配置车型，车价为100万元。考虑汽车贷款。对汽车保险要求较高。
精品：另外购买了米奇遮阳板、CD收纳袋一个，单价为55元。米奇手型腰靠四个，单价为158元。

一、向客户报价工作流程

向客户报价工作流程如图 6-1 所示。

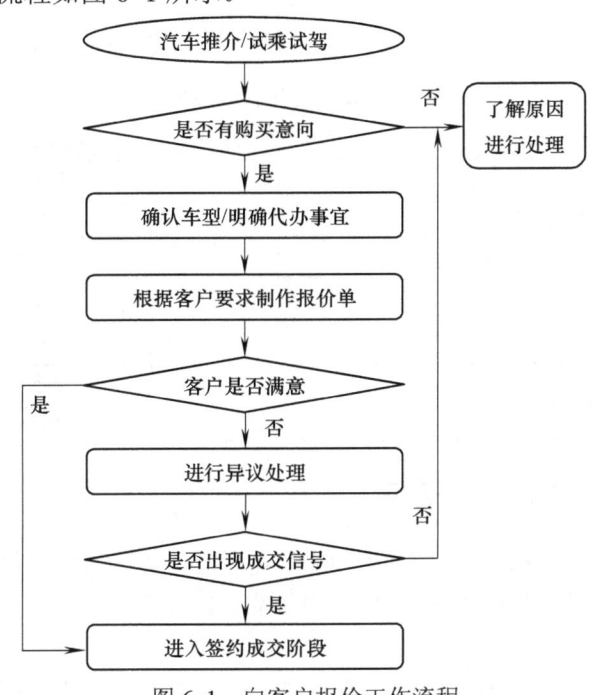

图 6-1　向客户报价工作流程

二、明确代办事宜及相关费用

在以下项目中，汽车 4S 店通常帮助客户代办机动车购置税、临时牌照以及正式牌照事宜。

（一）机动车购置税

机动车购置税是对在我国境内购置规定车辆的单位和个人征收的一种税，它由车辆购置附加费演变而来。其计算公式为

$$机动车购置税=购车价款/1.17×税率$$

机动车购置税率按照国家的相关政策执行，基本税率是 10%；例如，按照最新政策，从 2017 年 1 月 1 日—2017 年 12 月 31 日，对购买 1.6L 及以下排量乘用车按 7.5% 的税率征收车辆购置税的优惠政策。

【例题 6-1】假定客户张先生看重车型的价格为 10 万元，排量为 1.6L，则张先生需要缴纳的购置税为多少？

解答：根据购置税计算公式，张先生需要缴纳的购置税为 100000/1.17×7.5%≈6410.26（元）。

（二）车船使用税

车船使用税是对行驶于公共道路的车辆和航行于国内河流、湖泊或领海口岸的船舶，按照其种类（如机动车辆、非机动车辆、载人汽车、载货汽车等）、吨位和规定的税额计算征收的一种使用行为税。

（1）乘人汽车应纳税额的计算公式：纳税额=应纳税车辆数量×适用年税额。

（2）新购置车船购置当年的车船税应纳税额自纳税义务发生的当月起按月计算。计算公式：应纳税额=（年应纳税额/12）×应纳税月份数。

计税依据及税率（适用税额）详见表6-1（以广州市地税局2012年公布为例）。

表6-1　车船使用税税率表

税　　目		计税单位	年基准税额	备　　注
乘用车[按发动机气缸容量（排气量）分档]	1.0L（含）以下的	每辆	180元	核定载客人数9人（含）以下
	1.0~1.6L（含）的		360元	
	1.6~2.0L（含）的		420元	
	2.0~2.5L（含）的		720元	
	2.5~3.0L（含）的		1800元	
	3.0~4.0L（含）的		3000元	
	4.0L以上的		4500元	

（三）上牌费用（以广州市为例）

一般来讲，新车上牌费用包括上牌费、照相费、固封费、公证费等，按实际情况收取。汽车销售企业一般可代办上牌，但需收取一定的代办手续费。

1. 汽车临时牌照

汽车临时牌照是指汽车由于一些手续的办理，还未正式落户前由公安车管部门发放的临时车辆行驶证明。根据《中华人民共和国交通安全法》规定，车辆上道路行驶必须按规定悬挂号牌，未按规定悬挂号牌的要被处罚。因此，在没有取得正式牌照以前，必须按规定申领机动车临时号牌方能上道路行驶。

新车使用临时牌照不得超过15天，车主应及时向车辆管理机关申请使用正式牌照。临时行驶车号牌一般为2张，1张粘贴在车内前风窗玻璃的左下角或右下角不影响驾驶人视线的位置，另1张应当粘贴在车内后风窗玻璃的左下角。

办理临时牌照需要提交的资料有产品合格证原件及复印件、身份证原件及复印件以及保险保单。

2. 汽车正式牌照

办理汽车正式牌照的流程如图6-2所示，需要提交的资料如下：

（1）完税证明副本。

（2）产品合格证原件及复印件。

（3）身份证原件及复印件。

（4）保险保单。

（5）购车发票的注册登记联。

（6）机动车查验记录。

（7）车辆识别代号拓印膜。

（8）外地户口需提供居住证。

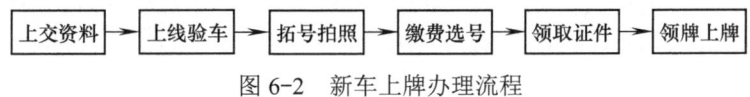

图 6-2　新车上牌办理流程

（四）汽车精品费用

销售顾问可根据实际情况向客户推荐汽车精品，以提高销售业绩。

三、制作报价单

在明确了代办事宜及相关费用后，汽车销售顾问应根据客户的具体情况为客户设计价格提案，形成报价单，见表 6-2。

表 6-2　汽车产品报价单

客户：　　　　　　联系方式：　　　　　　销售顾问：　　　　　　日期：　　年　　月　　日

车辆描述		固定费用（元）				
车型		购置税				
颜色		车船使用税				
台数		年票				
车价		上牌费用				
保险费用（			保险公司）			
险项	交强险	三者险	车损险	盗抢险	车上责任险	车身划痕险	玻璃破碎险	自燃险	不计免赔险
是否购买									
费用及保额									
汽车贷款（　　　　　银行）			汽车精品			
			项目	单价	数量	费用
首付比例（%）						
首付款						
贷款金额						
按揭期限						
利率（%）						
月供款额						
还款总额						
利息总额		小计/元				

一次性付款费用/元：　　　　　　　　　分期付款首期车款费用/元：

预付定金/元：　　　　　　　　　　　　余款/元：

说明：（首期）购车费用=（首期）车款+购置税+上牌费用+_____年保险费+汽车精品费用

注：特此声明，本文件仅属一般商业报价，并非法律合同或双方协议。上述价格仅代表当日市场报价。

四、向客户报价

报价单制作完成后，汽车销售顾问应按照客户的要求向客户解释报价单的相关内容，使客户清晰每一项报价的内容。常用的报价方法有以下四种。

（一）三明治报价法

三明治报价法是指销售人员在向客户说明价格的过程中一定要注意，不能仅仅说明车辆的价格，而要在报价的同时，说明车辆带给客户的利益和产品的价值。即"利益—价格—利益"的三步报价模式。

第一步针对客户的需求，总结客户选定车型的主要配备及客户的利益；第二步明确地报出价格，明确说明客户应付的款项与所有费用及税金；若客户需要代办保险，使用专用的表格准确地计算并说明相关费用；第三步重点强调客户选定的车型对客户生活或工作带来的正面变化，指出超越客户期望的地方。

（二）优势报价法

优势报价法是指销售人员要用自己产品的优势与同行的产品相比较，突出自己产品在设计、性能、声誉、服务等方面的优势。

作为一名优秀的销售顾问，在开口报价时，应了解竞品的价位，也了解本店价位在竞品车型价位中所处的位置。若价位高，则要解释高在哪里，例如产品的质量比同类产品好，或者用的材料比同类产品好，还是使用更方便更有科技含量以及更节能更环保等。总之，要让客户觉得你的产品价格是物有所值的。

若是中档价位，则要向客户分析产品比高价位产品的优势在什么地方，例如，使用了二等的材料却运用了最新技术，在使用方面并不比高价位产品差。或者同样的品质就是要通过价格优势与高价位的产品竞争。

若是低价位，也要向客户分析自己的产品为什么价位低，性价比如何，是有新的工艺还是有新的材料和技术，使用效果好？总之要讲出产品定价的依据，表明报价的合理性。

（三）价格分割法

价格分割法是指销售人员将产品的价格按产品的使用时间成本或计量单位分至最小，可以隐藏价格的昂贵性，也就是把价格化整为零。

（四）优惠价格法

优惠价格法是指销售人员在报价时可以把价格和达成协议的优惠条件联系起来。如因客户性质、购买数量、需求缓急、支付方式等不同，报不同的价格。

任务实施

步骤1 拟订任务实施计划

在正式实施"向客户报价"任务前，可以按照"任务知识"中的相关内容进行工作步骤要点梳理及话术设计，完成表6-3。

表 6-3 "向客户报价"工作步骤要点梳理及话术设计

工作步骤		步骤要点	话术设计
明确代办事宜及相关费用			
制作报价单			—
向客户报价	解释报价单内容		
	运用三明治报价法		
	运用优势报价法		
	运用价格分割法		
	运用优惠价格法		

步骤 2　按计划进行演练

拟订任务实施计划后，小组成员可以在组内寻找搭档，进行演练，并按照表 6-4 进行观察记录。

步骤 3　根据演练情况，修订任务计划

演练结束后，可以根据观察记录情况，对拟订的任务计划进行修订，以确保工作任务顺利完成。

步骤 4　正式完成任务

完成工作计划修订后，可按照修订后的计划正式完成"向客户报价"任务，并按照表 6-4 进行评分。

表 6-4　销售顾问"向客户报价"工作过程观察评价表

任务	观察及评价项目	步骤2 观察记录		步骤4 评分			
		是	否	评价分值	自评分（10%）	互评分（30%）	教师评分（60%）
向客户报价	与客户沟通顺利，明确待办事项及费用项目			10分			
	准确制作"汽车产品报价单"			15分			
	清晰准确地向客户解释"汽车产品报价单"的相关内容			15分			
	合理运用三明治报价法向客户报价			10分			
	合理运用优势报价法向客户报价			10分			
	合理运用价格分割法向客户报价			10分			
	合理运用优惠价格法向客户报价			10分			
职业素养	能够灵活运用计划内容进行演练			10分			
	仪态自然，大方；语言清晰，语速、语音、语调适中			5分			
	工位整洁干净，文件摆放有序			5分			
小　计							
总评分（自评分×10%+互评平均分×30%+教师评分×60%）							

"向客户报价"任务评价见表6-5。

表6-5 学习任务1"向客户报价"评价表

评价方式	评价项目	是	否
个人评价	通过互联网、市场调研等各种渠道获取向客户报价工作的相关信息,并主动咨询信息的可靠性		
	清晰表述常用报价方法的内容		
	根据客户的需求完成报价单的制作,并运用各种方法向客户报价		
	与他人合作,进行有效沟通		
	遵守一体化课室6S管理规定,逐步养成良好的工作习惯,增强责任感		
小组评价	小组成员是否全部参与了计划策划及实施过程		
	小组成员是否具有团队意识,是否相互配合		
	小组成员沟通是否顺畅		
	小组成员能否自主学习并尊重他人		
	小组成员能否客观地自评与互评		
	小组成员是否服从教师安排		
	小组成员是否遵守6S管理规定,保证学习环境的干净整洁		

1. 本次学习任务为向客户报价,如果是汽车销售顾问在电话中向客户进行报价,那么有哪些注意事项?

2. 在本次学习任务中,如果客户对产品价格不做出正面回应,汽车销售顾问应该怎么处理?

任务2 价格异议处理

1. 通过互联网、市场调研等各种渠道获取价格异议处理工作的相关信息,并主动咨询信息的可靠性。
2. 清晰表述处理价格异议的流程。
3. 运用价格异议处理的技巧和方法,合理处理客户价格异议。
4. 与他人合作,进行有效沟通。
5. 遵守一体化课室6S管理规定,逐步养成良好的工作习惯,增强责任感。

1. 情景描述

客户张先生认为王平将报价单解释得十分清晰,但关于价格和总体费用,张先生还有些疑虑。

客户："其实你们的车真的不错，可是太贵了，我就是喜欢，也负担不起啊！"
王平："没关系，我们有分期付款的方式啊。"
客户："可是，同样的车，A店可以便宜2000元呢！"
王平："不可能吧，我们两家的售价是一样的，我有几个朋友都在那里上班呢。"
客户："我真是诚心想买，你再给我打点折吧。"
王平："真是抱歉，给您报的价格已经是最低的了。"
客户："你送我的赠品我不要，直接抵扣现金吧！"
王平："这个啊，公司不允许啊！"
客户："这样吧，你再给我便宜3000元，我就买了。"
王平："真的做不到啊！"
客户："那我等你们降价再来买吧！"
……

2．任务要求

（1）请以小组合作方式，讨论分析王平在进行此次价格异议处理过程中，有哪些值得学习的地方，有哪些需要改进的地方。形成小组意见后，统一提交。

（2）请与组内搭档合作，轮流以销售顾问的身份完成此次价格异议处理的任务。

一、价格异议的含义

价格异议是指客户因推销产品价格过高而拒绝购买的异议。无论产品的价格怎样，总有些人会说价格太高、不合理或者比竞争者的价格高。因为讨价还价是多数消费者的商务洽谈习惯，所以汽车销售过程中出现最多的就是价格异议。为了在洽谈时心理上占有优势，客户往往会提出各种非价格方面的问题，如强调技术性、服务等令人不满意或不适合的地方，但目的是让汽车销售顾问做出价格上的让步。

二、价格异议处理步骤

通常来说，汽车销售顾问可以采取下面的工作步骤处理客户的异议。

（一）倾听客户的异议

汽车销售顾问应耐心倾听客户说明异议，使客户感觉到自己受到重视。通过倾听，汽车销售顾问可以清楚客户的反对意见是真实的还是一种拒绝的托词。如果是真实的，就应该马上着手处理；如果仅是一种拒绝的托词，则应挖掘客户的深层意思。

（二）对客户异议表示理解

如果客户提出的意见是合情合理的，在表示理解的同时，可以用以下的话语来回应客户："我明白您有什么感受，其实很多客户最初也有和您一样的感受，但是在一旦了解了这种汽车产品后，他们就会发现这款产品如何使他们受益了。"这种表述的目的在于，承认客户对某个问题的忧虑,但却没有表示赞同或表现出防卫意识。

(三)复述及澄清客户提出的异议

例如复述客户的异议:"您的意思是说这款车的价格太高,这就是您不愿意购买的原因吗?"如果客户回答"是",则提出与之相应的购买利益;如果感觉客户还有其他顾虑,则继续通过开放式的问题进行了解。复述异议不仅能够表明汽车销售顾问一直在认真倾听客户说话,同时还能给自己多留一些思考时间。

(四)回答客户异议

客户希望销售顾问能认真听取自己的异议,尊重自己的意见,并且希望汽车销售顾问及时做出令人满意的答复。但是,在某种特殊情况下,汽车销售顾问可以回避或推迟处理客户异议。

三、常见价格异议的处理技巧

(一)客户表示车价太贵

1. 客户心理分析

客户开始越集中精力砍价,越说明他很喜欢意向车型,销售顾问要抓住这个成交信号。客户砍价往往是一种习惯性行为,或者只是一种试探;从另一个角度分析,客户砍价也是在追求一种心理满足,因为人们对来之不易的东西会更加珍惜。

2. 应对建议

(1)弄清情况。客户在选车前,可以通过多种渠道获得汽车信息,因此,大多数客户对于汽车价格都是有备而来。当客户认为价格贵的时候,汽车销售人员首先应该弄清客户比较的是哪个渠道的价格,这样销售人员才可能给客户以合理可信的解释。

【参考话术 6-1】"×先生/女士,请问您为什么觉得这辆车太贵呢?"

(2)不轻易让步。一个合格的汽车销售顾问,不能因客户对价格提出疑问就一味地通过价格上的让步来被动地成交,而是要抓住客户的心理,到最后关头才给出一定优惠,这样可以增强客户的心理满足感。同时,销售顾问的每一次让步都要有合理的理由,不能"爽快"地让步。而且即使是多次价格让步,让步的幅度也要越来越小,给客户造成一种无利可让的感觉。

【参考话术 6-2】"×先生/女士,您来了几次了,每一次都是我接待的,跟您很熟悉了。您信任我,我也不能扫您的兴。您稍等一下,我去请示一下经理,再给您优惠500元,您看可以吗?"

【参考话术 6-3】"×先生/女士,我刚和经理申请了半天,经理总算同意了。这样的话,给您的折扣就是在9.8折的基础上再优惠500元,这样低的价格我们店还从来没做过,您是第一人,您看这样可以吗?"

(3)使用心理暗示。心理暗示是用含蓄、间接的方式,对客户的心理和行为产生影响,使客户不自觉地按照一定的方式行动,或者无意识地接受一定的意见或观念。心理暗示有以下三种方法(表6-6)。

表 6-6　心理暗示的方法与参考话术

心理暗示方法	具 体 含 义	参 考 话 术
直接暗示	多次重复汽车产品的核心优势与价值，或者语气坚定地告诉客户物有所值、物超所值，让客户印象深刻，并潜移默化地接受	【参考话术6-4】"买这款车您一定不会后悔的。" 【参考话术6-5】"这款车连续三年被国内主流汽车媒体评为消费者放心车。"
间接暗示	通过第三方的评价或者想法来帮助客户树立购买信心	【参考话术6-6】"××集团的总经理今天上午提走的就是这款车，他说这款车做商务用车再合适不过了……"
反暗示	适度的激将法则，让客户在激将之下坚定信心	【参考话术6-7】"价格是比较重要，但是对您这样的成功人士来说，身份地位与面子更加重要，您说是吗？"

（二）客户表示另外的门店更加便宜

1. 客户心理分析

关于这个异议，销售顾问只需要问自己一个问题，就可以想到客户的心理。"既然另外的门店更加便宜，客户为什么没在那里购买，反而又来到我们店了呢？"说明客户一定还有价格之外的其他需求。

2. 应对建议

（1）弄清情况。根据上面的客户心理分析，销售顾问在处理这个价格异议之前，仍然要想办法弄清楚客户的真实需求。

【参考话术6-8】"×先生/女士，看来您对汽车市场的行情真是非常清楚。不过我想冒昧地问一下，既然那家店的价格更加便宜，您为什么没在那里购买呢？我觉得您一定有其他的考虑，方便告诉我一下吗？"

（2）了解竞争对手。销售顾问还应该全面了解竞争对手，以便判断客户的异议是真是假。一般来讲，销售顾问可以从竞争对手、竞争程度和竞争销售人员三个方面开展工作。

（三）客户表示不要赠品，直接抵扣现金

1. 客户心理分析

客户之所以拒绝赠品，在很大程度上是因为看不到赠品的实用价值和意义，认为赠品不值钱且没用，不如直接抵扣现金划算。

2. 应对建议

销售顾问应该向客户说明赠品的价格、价值、用途以及售后保障，并通过举实例的方式，证明大多数客户都是选择赠品的，以满足客户的从众心理。

【参考话术6-9】"×先生/女士，不知道您有没有计算过使用汽车的成本？在这一年里，您洗车、保险、车险都是一笔不小的开支，现在我们来帮您承担这笔费用。这次送给您的礼包包含了一年的车险、洗车和保养服务，您是不是觉得很划算呢？"

【参考话术6-10】"×先生/女士，这份赠品礼包是我们店针对新车主精心挑选配置的，包括防盗器、导航系统和座椅套，这些东西对于新车主来说都是非常实用的东西。其他的客户都是选择了赠品，我可以给您看一下赠品登记的记录表。"

（四）客户表示可以就付定金，不可以就走人

1. 客户心理分析

"可以就付定金，不可以就走人"往往是客户强势姿态砍价的杀手锏，销售顾问如果被

客户的气势压倒,为了留住客户而被迫让步,在价格上就基本掌握不到自主权。其实,客户花费了大量的时间成本和精力成本,怎么会轻易就放弃好不容易选好的车型呢?

2. 应对建议

(1)巧妙使用非语言沟通方式。针对客户的这种强势砍价,销售顾问可以使用非语言沟通的方式,表现出惊讶、无奈、不情愿甚至是愤怒的表情,让客户"以为"已经砍价到了底线,从而放弃继续砍价。

(2)反将一军。对于客户"可以降价就交定金"的说法,销售顾问可以反将一军,既可以真的落实订单,也可以进一步试探客户的真实想法。

【参考话术 6-11】"×先生/女士,我特别理解您的感受,毕竟也来了这么多次了,其实我和您一样,也想快点成交。可是我的权限毕竟有限,得去向经理请示,这样吧,我先按照您说的价格打印出一份订购单,您先签个名,这样我也好申请,也节省您的时间,您看可以吗?"

(3)摊牌法。当客户得到让步和优惠后仍然频频砍价时,销售顾问可以使出最后一招,跟客户摊底牌,让客户知难而退,适可而止。

【参考话术 6-12】"×先生/女士,我和您接触了这么久,真的把您当作自己的朋友了。这个价格真的是我们店最低的价格了,如果您还是觉得不合适,我可以专门陪您去其他的店看看别的车,帮您把把关,就算不能成交,能和您交个朋友,我也觉得是很值得的。"

小资料 编制标准应答语

很多国外的企业专门组织专家收集客户异议并制定出标准应答语,要求销售人员记住并熟练运用。

编制标准应答语是一种比较好的方法。具体程序如下:

1)把大家每天遇到的客户异议写下来。

2)进行分类统计,依照每个异议出现的次数多少排列出顺序,出现频率最高的异议排在前面。

3)以集体讨论方式编制适当的应答语,并编写整理成文章。

4)大家都要熟记。

5)由资历较老的销售人员扮演客户,大家轮流练习标准应答语。

6)对练习过程中发现的不足,通过讨论进行修改和提高。

7)对修改过的应答语进行再练习,并最后定稿备用。最好是印成小册子发给大家,以供随时翻阅,达到运用自如、脱口而出的程度。

任务实施

步骤1 拟订任务实施计划

在正式实施"价格异议处理"工作前,可以按照"任务知识"中的相关内容进行工作步骤要点梳理及话术设计,完成表6-7。

表 6-7 "价格异议处理"工作步骤要点梳理及话术设计

工 作 步 骤		步 骤 要 点	话 术 设 计
	倾听客户异议		—
	对客户异议表示理解		
	复述及澄清客户提出的异议		
回答客户异议	客户:"其实你们的车真的不错,可是太贵了,我就是喜欢,也负担不起啊!"		
	客户:"可是,同样的车,A 店可以便宜 2000 元呢!"		
	客户:"你送我的赠品我不要,直接抵扣现金吧!"		
	客户:"这样吧,你再给我便宜 3000 元,我就买了。"		
	客户:"那我等你们降价再来买吧!"		

步骤 2 按计划进行演练

拟订任务实施计划后,小组成员可以在组内寻找搭档,进行异议处理演练,并按照表 6-8 进行观察记录。

步骤 3 根据演练情况,修订任务计划

演练结束后,可以根据观察记录情况,对拟订的任务计划进行修订,以确保顺利完成任务。

步骤 4 正式完成任务

完成工作计划修订后,可按照修订后的计划正式完成"价格异议处理"任务,并按照表 6-8 进行评分。

表 6-8 销售顾问"价格异议处理"工作过程观察评价表

任务	观察及评价项目	步骤2观察记录		步骤4评分			
		是	否	评价分值	自评分(10%)	互评分(30%)	教师评分(60%)
价格异议处理	认真聆听客户价格异议,正确理解			10 分			
	对客户的异议表示理解			15 分			
	复述及澄清客户提出的异议			15 分			
	运用各种技巧有效处理客户异议,客户满意度高			40 分			
职业素养	能够灵活运用计划内容进行演练			10 分			
	仪态自然,大方;语言清晰,语速、语音、语调适中			5 分			
	工位整洁干净,文件摆放有序			5 分			
小 计							
总评分(自评分×10%+互评平均分×30%+教师评分×60%)							

任务评价

"价格异议处理"任务评价见表 6-9。

表 6-9　学习任务 2 "价格异议处理" 评价表

评价方式	评价项目	是	否
个人评价	通过互联网、市场调研等各种渠道获取价格异议处理工作的相关信息，并主动咨询信息的可靠性		
	清晰表述处理价格异议的流程		
	运用价格异议处理的技巧和方法，合理处理客户价格异议		
	与他人合作，进行有效沟通		
	遵守一体化课室 6S 管理规定，逐步养成良好的工作习惯，增强责任感		
小组评价	小组成员是否全部参与了计划策划及实施过程		
	小组成员是否具有团队意识，是否相互配合		
	小组成员沟通是否顺畅		
	小组成员能否自主学习并尊重他人		
	小组成员能否客观地自评与互评		
	小组成员是否服从教师安排		
	小组成员是否遵守 6S 管理规定，保证学习环境的干净整洁		

任务拓展

1. 在处理客户异议的过程中，面对情绪比较容易激动或者已经情绪激动的客户时，该如何妥善处理？

2. 在处理价格异议时，还有哪些比较实用的技巧可以使用？请自行查阅资料，并与班级其他同学分享。

任务 3　签约成交

任务目标

1. 通过互联网、市场调研等各种渠道获取签约成交工作的相关信息，并主动咨询信息的可靠性。

2. 清晰表述签约成交工作的流程、建议成交的时机、客户的购买信号、促成交易的方法以及签约前的准备工作内容。

3. 应用促进成交技巧，完成签约成交任务。

4. 与他人合作，进行有效沟通。

5. 遵守一体化课室 6S 管理规定，逐步养成良好的工作习惯，增强责任感。

1. 情景描述

由于王平较好地处理了张先生提出的价格异议,所以张先生露出了满意的笑容,放松地坐在椅子上,身体由前倾转为后仰,神态放松。王平清楚,此时应把握机会,争取与客户签约成交。

2. 任务要求

(1)请以小组合作方式,讨论分析王平为什么判断此时是争取签约的好时机。形成小组意见后,统一提交。

(2)请与组内搭档合作,轮流以销售顾问的身份完成此次签约成交的任务。

一、签约成交工作流程

签约成交工作流程如图 6-3 所示。

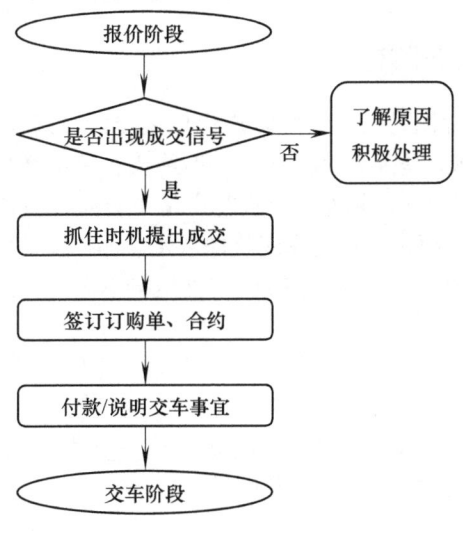

图 6-3 签约成交工作流程

二、客户发出的成交信号

通常来说,当客户有强烈的购买欲望时,往往会发出一些购买信号(表 6-10),如果销售顾问能够捕捉到这些信号,则可以有效地促进销售。

表 6-10　客户成交信号归纳

项　目	具体信号表现
语言信号	对销售顾问的说法表示认同 经过反复比较挑选后，开始专门咨询某款车型 开始将竞争对手的交易条件与所提出的交易条件相比 比较满意销售顾问对自己疑问的回答 反复提出已经解决的重复异议 进一步压价，即使价格已经十分合理 询问具体的支付方式、交货时间、保险、上牌、签订合同等细节问题 开始关心售后服务和保修期等 开始征求同伴意见 要求做出一些假设，如"我买了车，要是出故障怎么办？" 提出附加条件，如"还有其他优惠吗？有没有赠送什么东西？" 使用与购买相关的假设句型，如"如果我可以一次性付款，有优惠吗？"
表情、行为信号	对销售顾问的说明开始点头 频繁使用计算器并认真思考 认真审视汽车产品 反复认真阅读汽车彩页广告、订购书等资料 身体由前倾转为后仰，神态放松 面部表情从冷漠怀疑转变为随和亲切 嘴唇开始抿紧，似乎在品味、权衡什么 向与他同来的伙伴使眼色，彼此互相对望，或者眼神里出现"你的意思怎么样"的信号 离开门店后又折返 突然用手轻声敲桌子或身体某部分，以帮助自己集中思路，最后定夺

三、向客户建议成交的时机

汽车销售顾问在合适的时机必须主动向客户提出成交。在现实工作中，汽车销售顾问往往不愿意向客户提出成交的请求，是因为害怕被客户拒绝或者等待客户先开口，实际上销售顾问每达成一次交易，至少要遭到客户 6 次拒绝，而且客户是不会先开口要求成交的，正如著名汽车销售人员乔·吉拉德曾经传授经验说："争取成交就像求婚，不能太直接，但你必须主动。"

销售顾问应该在销售进行到一定阶段后经常性地向客户建议成交。包括结束每一段的销售重点后或者是解决了客户的重大异议后。

【参考话术 6-13】"×先生/女士，您看，既然现在基本上没有什么问题了，那么我们就把它定下来吧。"

【参考话术 6-14】"×先生/女士，我刚才给您介绍了这款车的倒车雷达，您觉得怎么样？您要是没什么异议，不如就把这辆车定下来吧！"

四、促成交易的方法

（一）利益总结法

销售顾问将之前向客户介绍的车辆利益汇总，再次在成交前简单扼要地向客户提醒，以强化客户对利益的认识，从而实现成交。一般利益总结法适用于汽车的静态展示后。

【参考话术 6-15】"×先生/女士，我再给您简单说一下这款车的优点，首先这款车的动力性在同级车中是最好的；第二，这款车的内饰可选颜色，可以帮您打造充满个性的内饰环境；第三，这款车的行李箱容积达到 550L，十分实用。您看这样一辆汇集了这么多优点的汽车，您还有什么好犹豫的呢？您要是没什么问题的话，我们讨论一下交车的问题吧。"

（二）直接请求成交法

销售顾问直接要求客户签约成交，一般适用于客户表现出明确的购买信号但又无法下定决心的时候，运用此方法一定要注意时机的选择。

【参考话术 6-16】"×先生/女士，我觉得这款车非常适合您，您要是没什么异议的话，我们把合同签了吧。"

【参考话术 6-17】"×先生/女士，您要是没其他问题的话，我们讨论一下交车问题吧。"

【参考话术 6-18】"×先生/女士，您看，既然现在基本上没什么问题了，我们就办一下其他的手续吧。"

（三）交换条件法

销售顾问用"反条件"的方式来促成交易，一般适用于总是提出额外条件的客户。

【参考话术 6-19】"×先生/女士，我特别理解您的要求，只是这已经超过我们的底线，如果您马上定的话，我可以帮您去向经理申请。"

（四）本杰明·富兰克林法

销售顾问可以在一张白纸上画一条十字交叉线，在左边写上这款车的优点，右边写上这款车的缺点，以直观的方式让客户认识到其实这款车的优点远超于缺点，以增强客户的信心，帮助客户做出购买决定。这种方法（图 6-4）一般适用于犹豫不决的理性客户。

优 点	缺 点
油耗低	外形不够时尚
价格合理	动力稍差
使用成本低	工艺略显粗糙
储物空间大	
商务休闲两用	

图 6-4 本杰明·富兰克林法

（五）压力成交法

销售顾问可以利用客户对缺货、促销结束、提价、配置调整、库存现车量等因素的担忧，适当向客户施加一定压力，从而促使客户成交。这种方法一般适用于客户对产品已经建立起充分的信心，没有新的异议但仍不能决定购买时。

【参考话术 6-20】"×先生/女士，您看现在这款车除了这辆展车外，库里就只剩下一辆了，如果您不能今天定下来的话，我不能保证明天是否还有现车。"

【参考话术 6-21】"×先生/女士，今天已经是这款车促销的最后一天了，您今天要是还不能定下来，那么恐怕这个导航系统您就得自己买单了。"

（六）二选一法

销售顾问可以适时提出带有两个选项的问题，让客户做出选择，以帮助客户决定。这种方法一般用于客户难以做决定，犹豫不决的时候。

【参考话术 6-22】"您看您是喜欢红色还是香槟色？"

【参考话术 6-23】"您看您是刷卡还是付现金呢？"

五、签订合约的注意事项

（一）签约前

签约是一个正式的销售动作，一定要做好准备工作，尽可能防范签约阶段可能出现的风险。销售顾问在签约前除了要整理好客户信息资料外，还应清晰掌握现有库存的车型和数量，准备好销售订购单（表6-11）和正式的销售合同（表6-12），同时对所有条款都非常熟悉，以确保可以向客户准确解释每个条款的含义。

（二）签约过程中

在签约过程中，销售顾问要动作迅速，多听少说，以防言多必失，一定要将承诺和条件确认清楚，尤其是车辆颜色、交货时间、价格、支付方式、赠品等重要条款。

（三）签约结束后

在签约结束后，销售顾问要及时对客户进行适当的赞美，尽快办好收款手续。最好尽快离开签约现场，送走客户，避免客户反悔。销售顾问应热情送客户出门，再次表示感谢，并用适当的语言增强客户的信心。

关于大写数字

阿拉伯数字0，1，2，3，4，5，6，7，8，9，10的大写分别为零，壹，贰，叁，肆，伍，陆，柒，捌，玖，拾；还有佰，仟，万，亿，元，角，分，零，整（正）。

中文大写数字有些规则需要知道：

1) 中文大写金额数字到"元"为止的，在"元"之后，应写"整"（或"正"）字。

2) 在"角"之后，可以不写"整"（或"正"）字。

3) 大写金额数字有"分"的，"分"后面不写"整"（或"正"）字。

4）中文大写金额数字前应标明"人民币"字样，大写金额数字应紧接"人民币"字样填写，不得留有空白。

5）阿拉伯数字中间有"0"时，中文大写要写"零"字，如¥1409.50应写成人民币壹仟肆佰零玖元伍角。

6）阿拉伯数字中间连续有几个"0"时，中文大写金额中间可以只写一个"零"字，如¥6007.14应写成人民币陆仟零柒元壹角肆分。

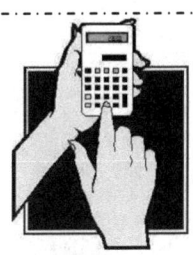

表6-11 销售订购单

新车定购人	姓名		性别		出生日期	
	身份证号码		联系电话		电子邮件	
	通信地址					
车辆档案	车系名称		车型名称		车身颜色	
	车架号		发动机号		交车日期	
上牌登记人	车主姓名		性别		出生日期	
	身份证号码		联系电话		电子邮件	
	通信地址					
	包牌价	精品合计	保险合计	总成交额	总成交额（人民币大写）	
	车辆订金		订金大写			
	订购单备注					
	序号	精品名称	数量	赠送金额	实收金额	
	1					
	2					
	3					
	金额合计小写		金额合计大写			

销售顾问签字/日期： 销售经理签字/日期： 财务收款签字/日期： 客户签字/日期：

表6-12 汽车销售合同

签约地点：_____ 编　号：_____
甲方：_____ 乙方：_____
地址：_____ 地址：_____
电话：_____ 电话：_____
　　　　　　　　　　　　　　　身份证号码：_____

甲乙双方经协商同意，就乙方同意向××经销店订购汽车达成一致协议如下：

第一条　合约购买车辆情况如下：

车　辆　名　称		规格/型号	
发动机号		车　架　号	
车身颜色		数量（大写）	

单　价：（小写）人民币　　　　　元/辆，（大写）人民币
总金额：（小写）人民币　　　　　元/辆，（大写）人民币

第二条　验货和提货

2-1　乙方付清全额价款后（若以汇款或支票结算时，应以全部货款到达甲方账户为准），乙方才能提车。

2-2　如乙方要求甲方送货到指定地点，一切费用与风险由乙方负责承担。

2-3　乙方应于提货当日对所购车辆进行仔细验收，有异议时当场提出，经甲方确认后做出处理，经检验后无异议，甲方交给乙方有关凭证即乙方提货后，即视为标的物完全转移。

(续)

第三条 结算方式
3-1 本合约签订后,乙方于_____年_____月_____日向甲方支付人民币_____元作购买上述车辆的订金,余款_____元未付。
3-2 余款在提车时一次性付清。
3-3 若需要甲方协助办理上牌手续时,在取得车管部门出具的受理车辆回执时,一次性付完余款。

第四条 办理上牌手续
4-1 如需办理上牌手续,甲方应积极协助办理上牌手续,在收齐乙方购车订金和有效证件资料后,甲方于_____个工作日内办理好上牌手续。
4-2 办理上牌的过程中,乙方应积极配合甲方的工作,合约签订的_____日内,应向甲方提供汽车上牌的有关资料,若因乙方不能及时提供车辆上牌的有关资料,或不能亲自到场协助上牌的相关环节导致拖延上牌的时间,责任由乙方负责。
4-3 在办理上牌期间,甲、乙双方应顺应有关车管部门的管理程序和工作安排,如因车管部门和政府其他部门原因而导致的甲方承诺的上牌时间拖延时,双方应遵循有关政策的规定而顺延上牌时间。
4-4 甲方代为乙方办理上牌手续的费用包括:车辆购置税、验车费、刑侦费、牌照费、封挡费。上牌手续办完后的7日内,乙方不按约定前来付款提车则视为违约(乙方因特殊情况提前通知除外),甲方将按违约条款处理。

第五条 合约争议的解决
5-1 由本合约引起的纠纷由双方友好协商解决和处理。
5-2 争议不能解决时,双方可以提出仲裁,或提交所管辖的司法部门处理。

第六条 其他条款
6-1 本合约一式两份,甲、乙双方各持一份,对合约内容的任何修改、增删、补充应由双方以书面形式做出。
6-2 本合约未尽事宜,由甲乙双方协商解决。
6-3 本合约自签订之日起生效。

甲方(签章):   乙方:
开户银行:
账号:
代表人: 代表人:
签约时间: 签约时间:

任务实施

步骤1 拟订任务实施计划

在正式实施"签约成交"工作前,可以按照"任务知识"中的相关内容进行工作步骤要点梳理及话术设计,完成表6-13。

表6-13 "签约成交"工作步骤要点梳理及话术设计

工作步骤		步骤要点	话术设计
识别客户发出的成交信号			—
抓住合适时机			—
向客户提出成交	利益总结法		
	直接请求成交法		
	交换条件法		
	本杰明·富兰克林法		
	压力成交法		
	二选一法		

步骤2 按计划进行任务前演练

拟订任务实施计划后,小组成员可以在组内寻找搭档,进行演练,并按照表6-14进行观察记录。

步骤3 根据演练情况,修订任务计划

演练结束后,可以根据观察记录情况,对拟订的任务计划进行修订,以确保工作任务能顺利完成。

步骤4 正式完成任务

完成工作计划修订后,可按照修订后的计划正式完成"签约成交"任务,并按照表6-14进行评分。

表6-14 销售顾问"签约成交"工作过程观察评价表

任务	观察及评价项目	步骤2观察记录		步骤4评分			
		是	否	评价分值	自评分(10%)	互评分(30%)	教师评分(60%)
签约成交	尊称客户,并使用合适的礼貌用语,与客户距离位置合适			10分			
	准确识别客户发出的成交信号			10分			
	提出成交的时机合适,话术合理			15分			
	有效处理客户异议			15分			
	准确填写销售订购单及销售合同			15分			
	适时赞美客户			15分			
职业素养	能够灵活运用计划内容进行演练			10分			
	仪态自然,大方;语言清晰,语速、语音、语调适中			5分			
	工位整洁干净,文件摆放有序			5分			
小 计							
总评分(自评分×10%+互评平均分×30%+教师评分×60%)							

任务评价

"签约成交"任务评价见表6-15。

表6-15 学习任务3"签约成交"评价表

评价方式	评价项目	是	否
个人评价	通过互联网、市场调研等各种渠道获取签约成交工作的相关信息,并主动咨询信息的可靠性		
	清晰表述签约成交工作的流程、建议成交的时机、客户的购买信号、促成交易的方法以及签约前的准备工作内容		
	应用促进成交技巧,完成签约成交任务		
	与他人合作,进行有效沟通		
	遵守一体化课室6S管理规定,逐步养成良好的工作习惯,增强责任感		
小组评价	小组成员是否全部参与了计划策划及实施过程		
	小组成员是否具有团队意识,是否相互配合		
	小组成员沟通是否顺畅		
	小组成员能否自主学习并尊重他人		
	小组成员能否客观地自评与互评		
	小组成员是否服从教师安排		
	小组成员是否遵守6S管理规定,保证学习环境的干净整洁		

任务拓展

请思考：当汽车销售顾问与客户签订合约后，是否就意味着销售任务已经完成了呢？客户还会有反悔的情况吗？如果客户在签订合约后，反馈回要退订的信息，销售顾问应如何处理？

基础知识训练

一、填空题

1. 机动车购置税率按照最新政策，从_____到2017年12月31日，对购买_____及以下排量乘用车按7.5%的税率征收车辆购置税的优惠政策。

2. 车船使用税是对行驶于公共道路的车辆和航行于国内河流、湖泊或领海口岸的船舶，按照其种类、_____和规定的税额计算征收的一种使用行为税。

3. 汽车销售企业一般可_____上牌，但需收取一定的手续费。

4. 新车使用临时牌照不得超过_____天，车主应及时向_____申请使用正式牌照。

5. 客户砍价往往是一种_____行为，或者只是一种_____。

6. 心理暗示是用_____、_____的方式，对客户的心理和行为产生影响，使客户不自觉地按照一定的方式行动，或者_____地接受一定的意见或观念。

7. 客户之所以拒绝赠品，在很大程度上是因为看不到赠品的_____和_____，认为赠品不值钱且没用。

8. 实际上销售顾问每达成一次交易，至少要遭到客户_____次拒绝。

9. 在签约结束后，销售顾问要及时对客户进行适当的赞美，尽快办好_____。

10. 销售顾问直接要求客户_____，一般适用于客户表现出明确的_____但又无法下定决心的时候。

二、不定项选择题（每题有一个或多个答案正确）

1. 下面（　　）不属于车船使用税征收种类。
   A. 机动车辆 B. 载人汽车
   C. 农用车 D. 载货汽车

2. 一般来说，新车上牌费用包括（　　）等，按实际情况收取。
   A. 照相费 B. 固封费
   C. 公证费 D. 代办手续费

3. 办理临时牌照需要提交的资料有（　　）。
   A. 产品合格证原件及复印件 B. 身份证原件
   C. 保险保单 D. 身份证复印件

4. 在汽车销售过程中，向客户报价的方法有（　　）。
   A. 三明治报价法 B. 优势报价法
   C. 价格分割法 D. 优惠价格法

5. 在处理客户的价格异议时,下列属于正确的应对方法有(　　　　)。
   A. 如果客户提出的意见是不合情理的,销售顾问可以当面提出质疑
   B. 汽车销售顾问应耐心倾听客户说明异议,使客户感觉到自己受到重视
   C. 复述异议能给销售顾问多留一些思考时间
   D. 在某种特殊情况下,汽车销售顾问可以回避或推迟处理客户异议
6. 在汽车销售过程中,常见的价格异议处理技巧有(　　　　)。
   A. 销售顾问要对客户的心理进行分析
   B. 汽车销售人员首先应该弄清客户比较的是哪个渠道的价格
   C. 销售人员有时可以不给客户以合理可信的解释
   D. 为了促成交易,有时汽车销售人员可以适当地对客户进行让步
7. 以下(　　　　)语言信号表明客户有签约成交意向。
   A. 经过反复比较挑选后,开始专门咨询某款车型
   B. 进一步压价,即使价格已经十分合理
   C. 开始关心售后服务和保修期等
   D. 离开门店后又折返
8. 临时行驶车号牌一般为(　　　　)张。
   A. 3　　　　　B. 4　　　　　C. 2　　　　　D. 1

三、判断题

1. 乘用车1.6~2.0L(含)的车船使用税年基准税额为360元。　　　　(　　)
2. 车辆上道路行驶必须按规定悬挂号牌,未按规定悬挂号牌要被处罚。(　　)
3. 机动车购置税率按照国家的相关政策执行,基本税率是10%。　　(　　)
4. 销售顾问可随时向客户推荐汽车精品,以提高销售业绩。　　　　(　　)
5. 若客户需要代办保险,可使用通用的表格准确地计算并说明相关费用。(　　)
6. 在签约过程中,销售顾问要动作迅速,多听少说,以防言多必失,一定要将承诺和条件确认清楚。　　　　　　　　　　　　　　　　　　　　　　　　(　　)
7. 在签约结束后,销售顾问要尽快离开签约现场,送走客户,避免客户反悔。(　　)

四、简答题

1. 请简述汽车正式牌照办理的流程。
2. 请简述处理价格异议的方法。
3. 请简述客户发出的成交信号有哪些。

五、情景模拟题

情景1　客户担心汽车贬值

□　实战情景

一位客户来到展厅看车,通过销售人员的热情接待和详细推介,已经对目标车辆表达出了购买意向,但迟迟不愿成交,经过销售人员的仔细打探,客户提出了自己的顾虑,担心这款已经上市很长一段时间并且已经降价过一次的车会很快再贬值。

【问题】你作为销售顾问,应该如何应对?

☐ 情景分析及应对

_____

情景2　老客户提出优惠要求

☐ 实战情景

一位之前来购买过汽车的老客户来到展厅看车，轻车熟路地找到销售人员，向销售人员提出了对一款车的购买意向，并同时提出了优惠要求。

【问题】作为一名销售顾问，你该怎么办？

☐ 情景分析及应对

_____

学习情境七　新车递交

学习情境描述

在与客户签订了购车合同之后,王平开始着手准备递交新车工作。通过销售经理的讲解,王平了解到新车递交过程中需要先充分把握客户提车时的心理,做好交车前的各项准备工作才可向客户进行交车。王平需要掌握新车递交前的准备工作及交车工作流程及规范,并按要求做好新车递交工作。

学习目标

1. 能熟练运用交车前准备的工作流程及规范要求,完成交车前准备各项工作任务。
2. 能熟练运用向客户交车时的工作流程及规范要求,完成向客户交车的工作任务。

学习任务

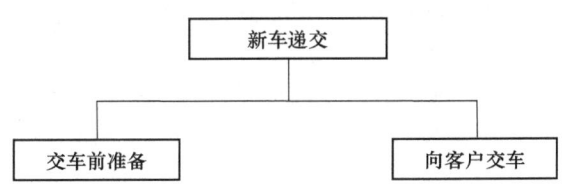

建议学时

12 学时。

任务1 交车前准备

1. 通过互联网、市场调研等各种渠道获取交车前准备工作的相关信息，并主动咨询信息的可靠性。
2. 清晰表述交车前准备的工作流程及规范要求。
3. 熟练运用交车前准备的工作流程及规范要求，完成交车前准备工作的各项任务。
4. 与他人合作，进行有效沟通。
5. 遵守一体化课室6S管理规定，逐步养成良好的工作习惯，增强责任感。

1. 情景描述

通过王平的努力，客户张先生终于和王平签订了购车合同，并支付了相关费用。王平和张先生约定两个月后的7月10日上午10:00交车。到了约定时间，客户张斌夫妇兴冲冲地来到4S店，找到王平。

但是王平已经忘记了客户张先生的提车事宜，看到张先生夫妇后才匆忙开始准备交车。由于新车需要进行PDI检查（出厂前检查），王平的交车资料也没有准备好，所以王平只好告诉张先生，需要至少等待三个小时才能提车。

张先生夫妇非常不高兴，等待了这么久，结果到了约好的时间仍然拿不到车……

2. 任务要求

（1）请以小组合作方式，讨论分析王平有哪些可以改进的地方。形成小组意见后，统一提交。

（2）请与组内搭档合作，轮流以销售顾问的身份完成各项交车前准备工作。

一、交车前准备含义

交车前准备是指销售顾问充分把握客户提车时最为关注和兴奋的心理，通过车辆准备、相关证件材料准备、人员准备以及时间确认等各项工作，为接下来的交车工作打好基础，从而加深客户印象，提高客户满意度，顺利地进行交车。

二、交车前准备工作流程

交车前准备工作流程如图 7-1 所示。

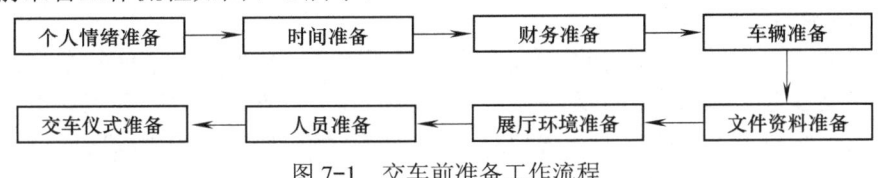

图 7-1　交车前准备工作流程

三、交车前准备工作规范要求

（一）个人情绪准备

在汽车销售流程中，客户与销售顾问的情绪兴奋点分别处于不同的销售环节，如图 7-2 所示。销售顾问最兴奋的时刻是在与客户确定成交、签订销售合同时，而客户最兴奋的时刻是在提车时。交车当天绝大多数客户都会沉浸在即将拥有新车的兴奋中，尤其是家庭用车的客户，非常希望把这种快乐与家人和朋友分享。可以说，交车环节是整个销售流程中客户最为关注和兴奋的环节。正是由于客户与销售顾问双方的情绪兴奋点不同，所以交车环节往往成为汽车销售流程中客户投诉最多的阶段。

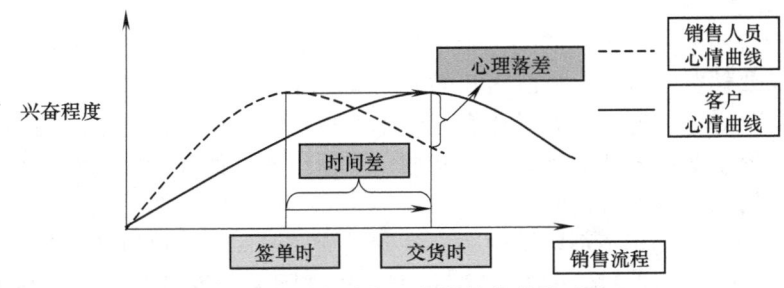

图 7-2　客户与销售顾问的情绪曲线对比

对于销售顾问来讲，需要充分把握客户提车时最为关注和兴奋的心理，将个人的情绪兴奋点调整到与客户同步，充分了解客户的期望值，向客户提供完整的服务，让客户感到兴奋，以建立和客户的长期业务关系。

客户在交车环节的期望值

1）希望在约定的时间顺利提车。
2）希望自己的新车绝对没有质量瑕疵，一尘不染，内外洁净。
3）希望销售顾问能对汽车的功能使用、仪表和操控设备等做一个详细的介绍。
4）希望能了解新车的保修权利及养护项目。
5）希望认识售后服务人员。
6）希望自己的新车手续齐全，能够放心上路行驶。
7）希望销售顾问已经把自己新车的所有相关文件准备齐全。

（二）时间准备

1．与客户预约交车时间

在客户等待交车的过程中，销售顾问应定期联系客户，确保客户了解新车交付的最新进展，这是取得高度客户满意度的关键。一旦交车时间确定下来，销售顾问应该第一时间与客户预约具体的交车日期及时间。如果客户对交车时间有特殊要求，销售顾问应该充分尊重客户，予以配合。

【参考话术 7-1】"您好，×先生/女士，我是××汽车 4S 店的销售顾问王平，您之前在我店里订购的×××（品牌）×××车型（配置）本周三就能到店了，您看什么时间过来提车比较方便呢？如果您方便的话，我们可以在周四把新车交付给您，您看这个时间安排可以吗？"

2．再次提醒客户交车时间

销售顾问应在与客户预约交车时间的前一天，再次提醒客户，以防客户忘记或有其他临时性的安排。

【参考话术 7-2】"×先生/女士，您好。我是××汽车 4S 店的销售顾问王平，上次和您预约了明天向您交付新车，请问您的时间没有变化吧？"

3．时间准备注意事项

（1）向客户说明交车过程及时间。销售顾问在与客户确认时间时，应向客户简要说明整个交车过程及需要耗费的时间，提醒客户做好时间和工作安排。

【参考话术 7-3】"×先生，为了让您充分了解自己的爱车，熟悉本店的售后服务，我们将花一些时间与您全面检查您的新车，并回顾一下新车的性能和操作，整个交车过程估计要1～1.5 小时，您看您的时间方便吗？"

（2）提醒客户携带提车资料。销售顾问在确认交车时间时，可以适时提醒客户携带相关的提车文件资料，如身份证、购车发票等，以避免出现因文件资料不齐全而不能提车的情况。

【参考话术 7-4】"×先生，来提车的时候请您带上您的身份证和购车发票等资料。"

（3）与客户确认提车人数。销售顾问还应提前与客户确认一起来店提车的人员，以便在交车时为随行人员准备礼物，同时在准备欢迎水牌时书写正确的称呼。

（4）延期交车的处理。如果在约定的交车日期无法安排客户提车，销售顾问应至少提前一天告知客户，说明原因和处理方法，在取得客户谅解的基础上再次约定交车日期。同时可以给客户一定的补偿，或者安排客户提前接触车辆的功能，避免客户的退单。

【参考话术 7-5】"×先生，您好。我是××汽车 4S 店的销售顾问王平，很抱歉地通知您，因为××原因，您上周定的××车还没有到店，预计还需××日才能到店，给您带来不便我们深感抱歉。我一定会密切跟踪车辆进度，一旦车辆到店，我会第一时间通知您。"

（三）财务准备

在向客户交车前，销售顾问应首先确认客户的服务条件和付款情况，确保客户的相关车款及费用已经缴纳完毕。如果有部分费用需要在交车现场支付，销售顾问应在与客户确认交车时间过程中，适当提醒客户。

【参考话术 7-6】"×先生/女士,再次和您确认一下,请问您是刷卡消费吗?如果不是您本人的卡,麻烦请持卡人本人和您一起过来。"

(四)车辆准备

1. PDI 检查

在与客户确认好交车时间后,销售顾问应联系售后服务部门,安排车辆的 PDI 检查。新车的 PDI 检查需在交车前一日完成,并进行 4S 店内部车辆交接,销售顾问在对车辆再次确认后,在"新车交接 PDI 检查表"(表 7-1)上签名。

表 7-1 新车交接 PDI 检查

日 期:	车主或单位:	交车时间:
车辆名称:	VIN 编码:	发动机编码:
颜色代号:	变速器号:	钥匙号码:
行驶里程:		

说明:对各项检查结果做如下标记: √=合格   ×=异常

外观与内部检查	☐ 制动灯和倒车灯
☐ 内部与外观缺陷	☐ 仪表灯与调光器
☐ 油漆、电镀部件和车内装饰	☐ 烟缸及杂物箱照明灯
☐ 随车物品、备胎、用户手册、保修手册、随车钥匙	☐ 喇叭
发动机部分检查	☐ 点烟器
☐ 发动机舱盖开启	☐ 天窗的操作
☐ 各种油、液的液位	☐ 后窗除雾器与指示灯
☐ 传动带的松紧情况	☐ 空调系统
操作与控制检查	☐ 循环开关
☐ 离合器踏板高度与自由行程	☐ 电动车窗、主控制板、各车门开关、分控开关及自动开关
☐ 制动器踏板高度与自由行程	☐ 电动及电热后视镜
☐ 加速踏板	☐ 时钟
☐ 收音机调节	**关闭发动机检查**
☐ CD 机调节	☐ 方向盘自锁功能
☐ DVD 调节	☐ 驻车制动调节
☐ 音响调节	☐ 方向盘角度调整
☐ 所有警告灯的检查	☐ 遮阳板
☐ 检查室内保险及备用件	☐ 中央门锁及遥控装置
☐ AT 启动保护器	☐ 车内照明灯
发动机启动检查	☐ 阅读照明灯
☐ 蓄电池和起动机的工作及各警告灯显示情况	☐ 前后座椅安全带
☐ 怠速	☐ 座椅扶手
☐ 前部与后部清洗器的工作	☐ 座椅角度调整
☐ 前后刮水器的工作	☐ 行李箱开启、关闭及锁定
☐ 方向指示灯与自动解除	☐ 加油盖开启
☐ 危险警告灯	☐ 后座椅的收放调整

（续）

☐ 侧灯与牌照灯 ☐ 大灯及远光指示灯 ☐ 雾灯开关 ☐ 后门儿童锁 ☐ 给锁/铰链加注润滑剂 ☐ 仪表板车门安全警告灯 ☐ 关闭车门检查情况 ☐ 一次性闭锁系统 **提升汽车检查** ☐ 底部、发动机、制动器与燃油管路是否有泄漏或破损 ☐ 悬架的固定与螺栓 ☐ M/T 油位 ☐ 差速器的油位 ☐ 4WD 后部差速器的油位 **降下汽车检查** ☐ 确认所有车轮与螺母转矩 ☐ 轮胎压力标签（包括备用胎） ☐ 工具与千斤顶 **行驶实验检查** ☐ 驾驶性能	**打开所有车门检查** ☐ 门灯 ☐ 手动车窗 ☐ 从内部、悬架及制动器发出的噪声 ☐ 制动器及驻车制动 ☐ 方向盘自动回正 ☐ 方向盘振动与位置 ☐ A/T 档位变换 ☐ 里程表行程读数及取消 ☐ 巡航控制系统 **最终检查** ☐ 全自动故障显示器 ☐ 冷却风扇 ☐ 急速、排放 ☐ 燃油、发动机油、冷却剂及废气的渗漏 ☐ 热启动性能 ☐ ABS 性能 ☐ 制冷剂观测窗 **最终准备** ☐ 清洗车辆内外部 ☐ 检查车内及行李箱是否有漏水现象

PDI 检查	销售顾问	车主
对以上项目的正确安装、调试及操作已做过检查。	该车辆已完成了所有的车检项目，可以交付客户使用。	对以上项目已仔细检查，确认该车辆完好无损，说明书、保修手册、合格证等随车资料齐全。
（盖章） 检查员签字： 日期：	（盖章） 销售顾问签字： 日期：	车主签字： 日期：

注：本 PDI 检查单所列的项目可能是您所检查的特定车型所没有的，因此请结合实际车型进行检查。

2．车辆准备注意事项

（1）清洗车辆，保证车辆内外美观整洁（含发动机舱与行李箱），处于最佳状态。车内地板铺上脚垫。

（2）重点检查灯光车窗、后视镜、烟火缸、备用轮胎及工具，校正时钟，调整收音机频率等。如果有卫星导航系统，应在系统上事先设定 4S 店的位置。

（3）按照客户的要求加装了所需配置。

（4）为客户新车加注汽油，保证客户新车能开到最近加油站或保证油灯不报警即可。

（五）文件资料准备

销售顾问应按照客户姓名及所购车型，为每位客户准备文件包，其中包含的文件资料见表 7-2。

表 7-2　交车文件资料明细

文件类别	明　细
商业票据类	收费凭证，发票，合同或协议，完税证明，保险凭证，尾款结算单据等
随车文件类	车辆使用手册，保修手册，车辆合格证，临时行车牌照等
商务活动类	销售经理，销售顾问，服务经理和服务顾问的名片等
交车工具类	PDI 检查表，交车确认表
增值服务类	售后服务介绍资料，车友俱乐部介绍资料，试乘试驾联谊卡，资料袋等

（六）展厅环境准备

1．展厅及用户休息区

销售顾问要保持展厅卫生清洁干净、绿化生机盎然、文化走廊琳琅满目，并可在展厅设置照片墙，放置客户提车时与店内人员的合影。用户休息区的准备以营造舒适环境为目的，争取让车主有宾至如归的感觉。

2．交车区

（1）进行场地 6S 检查，保证交车区干净整洁。
（2）最好提前做好欢迎牌以欢迎客户前来提车。
（3）交车区应有作业流程看板、交车客户姓名及预约时间告示牌。
（4）注意交车区出口应无任何障碍物，方便客户驾驶新车离店不受任何影响。

（七）人员准备

（1）销售顾问应全程亲自跟进向客户交车事宜，如果有特殊情况无法跟进，也必须指定其他人员负责全程安排引导客户。
（2）提前协调好售后服务部门及客服中心，保证交车时相关人员在场。
（3）如果遇节假日或周末，提前协调安排财务人员，做好收款及开票的准备。
（4）与相关管理人员预约时间，以便交车仪式时有管理人员在场，体现对客户的重视。

（八）交车仪式准备

通常来讲，在交车过程的最后，4S 店都会为客户举行一个交车仪式。为确保交车仪式的顺利进行，销售顾问应提前布置展车，安排好照相机、小礼品、协助人员等。

交车时，销售人员最好随身携带干净的小抹布，因为新车难免有不干净的印记，须随时替客户擦除。

任务实施

步骤1　拟订任务实施计划

在正式实施"交车前准备"各项工作任务之前,可以按照"任务知识"进行工作步骤要点梳理及话术设计,完成表7-3。

表7-3　"交车前准备"工作步骤要点梳理及话术设计

工作步骤	步骤要点	话术设计
个人情绪准备		—
时间准备		
财务准备		—
车辆准备		—
文件资料准备		—
展厅环境准备		—
人员准备		—
交车仪式准备		—

步骤2　按计划进行工作任务演练

拟订任务实施计划后,小组成员可以在组内寻找搭档,进行"交车前准备"工作演练,并按照表7-4进行观察记录。

步骤3　根据演练情况,修订任务计划

演练结束后,可以根据观察记录情况,对拟订的任务计划进行修订,以确保工作任务顺利完成。

步骤4　正式完成工作任务

完成工作计划修订后,可按照修订后的任务计划正式完成"交车前准备"的各项工作,并按照表7-4进行评分。

表7-4　销售顾问"交车前准备"工作过程观察评价表

任务	观察及评价项目	步骤2观察记录		评价分值	步骤4评分		
		是	否		自评分(10%)	互评分(30%)	教师评分(60%)
交车前准备工作	清晰描述客户来提车时的情绪及有哪些期望值			5分			
	提前三天以及一天与客户确定交车时间			15分			
	在与客户确定交车时间过程中,向客户说明交车过程及所花费的时间,并提醒客户带齐资料,确定随行人员			10分			
	进行财务准备,核实客户财务支付情况			5分			
	安排PDI,按要求检查车辆并在"PDI检查表"上签名确认			10分			
	准备好客户的文件包,交车文件资料齐全			15分			
	做好展厅环境及客户休息区布置			10分			
	提前安排好相关人员			5分			
	准备好交车仪式所需物品及礼品			5分			
职业素养	能够灵活运用计划内容进行演练			10分			
	仪态自然,大方;语言清晰,语速、语音、语调适中			5分			
	工位整洁干净,文件摆放有序			5分			
	小　计						
	总评分(自评分×10%+互评平均分×30%+教师评分×60%)						

"交车前准备"任务评价见表7-5。

表7-5 学习任务1"交车前准备"评价表

评价方式	评价项目	是	否
个人评价	通过互联网、市场调研等各种渠道获取交车前准备工作的相关信息,并主动咨询信息的可靠性		
	清晰表述交车前准备的工作流程及规范要求		
	熟练运用交车前准备的工作流程及规范要求,完成交车前准备工作的各项任务		
	与他人合作,进行有效沟通		
	遵守一体化课室6S管理规定,逐步养成良好的工作习惯,增强责任感		
小组评价	小组成员是否全部参与了计划策划及实施过程		
	小组成员是否具有团队意识,是否相互配合		
	小组成员沟通是否顺畅		
	小组成员能否自主学习并尊重他人		
	小组成员能否客观地自评与互评		
	小组成员是否服从教师安排		
	小组成员是否遵守6S管理规定,保证学习环境的干净整洁		

1. 本次学习任务为交车前准备,如果4S店有现车,客户当天签约当天提车,销售顾问应该如何处理?

2. 在本次学习任务中,如果交车前准备工作做到位后,客户如约到店提车,销售顾问应该如何向客户交车?

任务2 向客户交车

1. 通过互联网、市场调研等各种渠道获取向客户交车工作任务的相关信息,并主动咨询信息的可靠性。
2. 清晰表述向客户交车的工作流程及工作规范要求。
3. 熟练运用向客户交车的工作流程及规范要求,完成交车任务。
4. 与他人合作,进行有效沟通。
5. 遵守一体化课室6S管理规定,逐步养成良好的工作习惯,增强责任感。

1. 情景描述

客户张斌夫妇在等待了一个上午之后,终于在下午14:00的时候,王平告诉他们可以提车了。张斌夫妇很高兴地随同王平来到了新车前,希望能仔细看看新车。

王平拿着"交车确认表"直接带着张先生围着车辆绕了一圈,看看车辆外观,油漆是否损坏以及有无划痕。对着"交车确认表"里的内容也没有做介绍就一个一个打钩,打完钩,要求张先生签字及拍照,就交车完毕了。

后来,张先生偶然与自己开同一款车的朋友聊天,才发现自己竟然还有很多简单的功能都不会使用,张先生很不高兴,有些后悔在王平这里买车了。

2．任务要求

（1）请以小组合作方式,讨论分析王平有哪些可以改进的地方。形成小组意见后,统一提交。

（2）请与组内搭档合作,轮流以销售顾问的身份完成向客户交车的工作任务。

任务知识

一、向客户交车工作流程

向客户交车工作流程如图 7-3 所示。

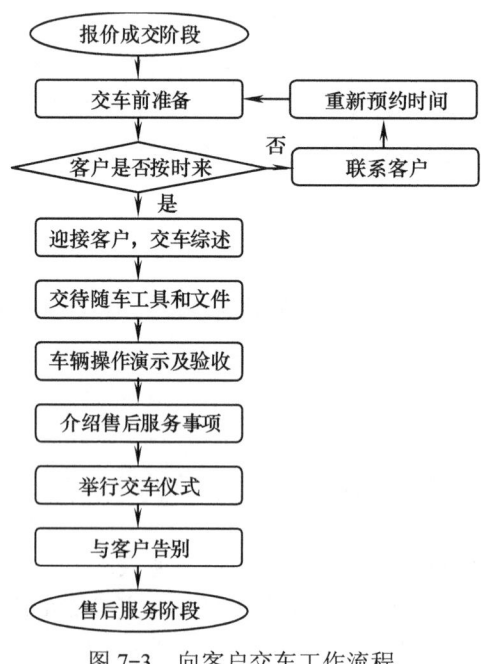

图 7-3　向客户交车工作流程

二、向客户交车工作规范要求及参考话术

（一）迎接客户,进行交车综述

销售顾问应在第一时间迎接客户,向客户问好并表示祝贺,感谢客户购车,引领客户到

洽谈区入座,并提供相应饮品,简要介绍随后的交车环节,包括内容及时间等,请客户等待交车。销售顾问在交车前应简单向客户介绍交车流程和大致所需时间,以便客户能有所准备。如果客户没有足够的时间来完成交车的全过程,在获得客户同意后,可进行必要项目的交接和简短的交车仪式。

【参考话术 7-7】"×先生/女士,您好!您的爱车提车事宜我们都已经帮您安排妥当了,在此之前,请允许我花一分钟的时间,向您介绍一下今天的日程,您看好吗?……首先我会协助您结清车款,随后我会就您最关心的车辆操作和设备使用详细地为您讲解,您有什么疑问尽管告诉我,这大概需要 30 分钟左右,当然您也可以根据您的具体要求来进行调整。在您了解您的爱车之后,我会为您介绍一位专业的服务顾问,您看这样的安排可以吗?"

【参考话术 7-8】"×先生/女士,您好!恭喜您今天马上就要拥有自己的爱车了。我们这边的相关材料都已经准备好了,您先在这边休息区稍候片刻,我去帮您把相关资料带过来,马上我们就可以办理交车手续。请问您要喝什么?我可以让我们的前台人员为您准备。"

(二)交代新车工具和文件

销售顾问首先向客户点交相关文件,包括购车发票、车辆合格证、保修手册、车辆使用说明书、保险单等,同时向客户解释说明各种文件的功能,并请其妥善保存,并出示"交车确认表"(表 7-6),请客户逐项确认后在"交车确认表"上签名。

客户确认无误后,销售顾问将购车发票、保修手册、使用说明书、合格证等相关材料集中装入文件袋交付客户。

【参考话术 7-9】"×先生/女士,您好!这是合格证和购车发票,在办理保险、上牌等事项的时候会用到;这是保修手册,您的爱车每隔××公里要保养一次,每次保养需要检查或更换的项目这里都有详细的说明,各零部件的保修期也有详细说明。稍后我还会为您介绍一位专业的售后服务顾问。这本是您的车辆使用说明书,刚才给您介绍车辆时提到的 ABS、倒车雷达、自动泊车等功能,还有紧急情况下的救援工具和方法等在这里都有详细的说明。重点部分我们还放了书签,方便您查看。日后在您用车的过程中,还有需要了解的地方可以随时致电给我或者服务热线。这些资料我帮您一块收好放在这个文件袋里,请您收好!"

(三)车辆操作演示及验收

在客户挑选和购买产品的过程中,销售顾问应当已经了解客户对车辆的一些特定需求,这些信息应当通过新车交车时的产品介绍反映出来,从而让客户切身感受到销售顾问对他的关注。在为客户做车辆介绍时,应当特别注意车辆常用的功能,如智能操作系统、蓝牙、空调、音响、车钥匙、座椅调节等。

在车辆操作演示后,销售顾问与客户按照"PDI 检查表"的内容共同检验车况,包括车内、车辆外部、附件部分等。然后共同签署"交车确认表"和"PDI 检查表"。

【参考话术 7-10】"×先生/女士,再次恭喜您提新车!在此之前我们已经对您的爱车做了全面的 PDI 检查,现在我陪您一起去确认一下车辆的情况,同时我也会向您介绍一下车辆各个功能的使用。整个过程大概 20 分钟。您看我们现在去可以吗?"

【参考话术 7-11】"×先生/女士,您的爱车我们仔细地清洗过了,您可以重点看一下轮胎、车门铰接处、脚踏板等地方,看看我们的清洗是否让您满意。"

【参考话术 7-12】"×先生/女士,麻烦您确认一下,这是您要的脚垫,已经铺好了,车窗的贴膜也贴好了,还有座椅套,这是赠送给您的。"

表 7-6 交车确认表

车主或单位:_____	身份证号或机构代码:_____	交车时间:_____
车型及颜色:_____	VIN 编码:_____	发动机编码:_____
用户联系电话:_____	手机:_____	电子邮件:_____
用户联系地址:_____		邮编:_____

一、车辆状态检查	二、车辆操作演示及相关介绍	三、车辆证件及代办证件
车身 □ 全车外观 □ 灯具、灯光 □ 各车门开启和关闭 **发动机舱** □ 制动液 □ 玻璃洗涤液 □ 水箱回水壶液面 □ 千斤顶及摇手柄 □ 蓄电池 □ 机油 □ VIN 码(底盘号)及发动机号位置介绍	**车厢内** □ 空调及暖风系统 □ 喇叭 □ 离合器 □ 驻车制动 □ 刮水器 □ 室内照明灯 □ 仪表盘指示灯 □ 座椅 □ 车门锁、中控锁 **底盘** □ 排气系统 □ 转向系统 □ 轮胎、备胎、气压	**车辆操作演示** □ 收放机或 CD 机 □ 发动机点火起动 □ 座椅、车窗调节 □ 后视镜调节 □ 空调、除霜操作 □ 组合开关操作 □ 组合仪表指示灯及功能说明 □ 安全带的正确使用 □ 发动机舱盖、油箱盖开启 □ 机油量、冷却水、制动油检查 □ 千斤顶、备胎操作 **相关介绍** □ 三包注意事项 □ 安全注意事项 □ 使用 92 号无铅汽油 □ 当地服务站	**车辆证件及单据交接** □ 核对车辆合格证与车辆相符 □ 购车发票 □ 技术参数表 □ 随车工具包 □ 说明书 □ 维修指南 □ IC 卡 □ 车钥匙(2)把 **代办证件交接** □ 经销商代办上牌证件交接 **亲情提示** □ 按时做好保养 □ 随时检查车况 □ 发现故障及时联系、维修

□ 当地 24 小时救急电话:
□ 全国 24 小时亲情服务热线:

□ 赠品(备选):
以上项目经双方确认合格交车!

车主(签名):_____	销售顾问(签名):_____
日期:	日期:

注:1. 此表在交车时与客户共同完成。
　　2. 此表一式两联,经销商与客户各执一联,请妥善保管。

(四)介绍售后服务事项

销售顾问应向客户说明 4S 店的后续跟踪服务和增值服务项目,提醒用户驾驶新车时需要注意的问题及相关保修标准,尤其是磨合期的注意事项。最后重点向客户介绍服务顾问。

【参考话术 7-13】"×先生/女士,在您的爱车交付使用之前,关于车辆的使用和保养有几个方面我想特别地提醒您注意一下,在您使用车辆之前,请您一定要系好安全带,汽车的安全气囊只是一个辅助性的安全装置,它并不能代替安全带发挥作用。只有两者结合使用,才能最大限度地保护乘客安全。另外,我们品牌的汽车都可以享受两年不限公里数的保修,不过易损件是不在这个保修范围内的。请按照保养计划进行常规的维护和保养,这一点是非常重要的……"

【参考话术 7-14】"×先生/女士，我会为您介绍一位专业的售后服务顾问，他以后会为您的爱车提供专门的服务，请您稍等一下。"

（五）举行交车仪式

最后可向客户及其家属和随行人员赠送鲜花、小礼品，拍照留念，并鼓掌表示祝贺。

【参考话术 7-15】"×先生/女士，您的爱车手续已经办理完，现在可以正式交给您了。为了向您表示祝贺，我们专门准备了交车仪式，大概为 5 分钟时间，我们的展厅经理、客服部以及我们售后服务人员会一起出席此次仪式，与您一起合影留念，您看可以吗？"

（六）向客户告别

交车过程结束后，销售顾问应注意以下事项：
(1) 感谢客户选择本公司的产品，并恭喜客户拥有了自己的汽车。
(2) 告知客户将来可能收到销售满意度电话或问卷调查，请客户予以支持。
(3) 提醒客户就近加油，并告知加油站的位置，提供出门证。
(4) 根据客户去向指导行车路线。
(5) 微笑目送客户的车辆离去，挥手道别一直到看不见为止。
(6) 整理客户资料，填写"保有客户信息表"（表 7-7）。

【参考话术 7-16】"×先生/女士，现在我们交车流程已经办理完毕，感谢您对我们公司的支持和配合。为了更好地为您服务，我们工作人员会在第三天及第一个月对您进行大概 3 分钟左右的电话回访，了解您车辆使用的情况，不知您一天中哪个时间段比较方便接听电话呢？如果您在使用过程中遇到什么问题也可以随时给我们来电话进行沟通。"

销售小技巧

在交车过程中，销售人员要适时赞美客户的审美眼光及明智选择。

【参考话术 7-17】"×先生/女士，您选择的这款车目前销量非常好，无论是外观设计还是动力操控，都是同级车中的佼佼者，您真的很有眼光。"

表 7-7 保有客户信息表

客户资料	客户姓名		男/女	公司/个人	E-mail		介绍人	姓名		担当业代	年 月 日
	地 址			邮政编码	移动电话			电话			年 月 日
	身份证号码/组织机构代码证号							关系			年 月 日
	单 位			行业级别	联络电话			来源分析	R B S I E P		
	单位地址			邮政编码	个人爱好		固定电话		车身号码		
车辆编号		出厂日期		牌照号码		领牌照日期	售价	付款方式	合同编号	车型代号	钥匙号
						年 月 日					

（续）

下次预定 年/月/日	实际访问			回访结果	经过情形	有无新意向	审核
	年	月	日				
7DC 回访							
/ /							
/ /							
/ /							
/ /							
/ /							
/ /							
/ /							
/ /							
/ /							
/ /							
/ /							
/ /							
/ /							
/ /							
/ /							

任务实施

步骤 1　拟订任务实施计划

在正式实施交车前，可以按照"任务知识"的相关内容进行工作步骤要点梳理及话术设计，完成表 7-8。

表 7-8　"向客户交车"工作步骤要点梳理及话术设计

工作步骤	注意事项	话术设计
迎接客户，进行交车综述		
交代新车工具及文件		
车辆操作演示及验收		
介绍售后服务事项		
举行交车仪式		
向客户告别		

步骤 2　按计划进行工作任务演练

拟订任务实施计划后，小组成员可以在组内寻找搭档，进行交车演练，并按照表 7-9 进行观察记录。

步骤 3　根据演练情况，修订任务计划

演练结束后，可以根据观察记录情况，对拟订的任务计划进行修订，以确保工作任务顺利完成。

步骤4 正式完成工作任务

完成交车工作计划修订后,可按照修订后的任务计划正式完成交车工作任务,并按照表 7-9 进行评分。

表 7-9 销售顾问"向客户交车"工作过程观察评价表

任务	观察及评价项目	步骤2 观察记录		评价分值	步骤4评分		
		是	否		自评分(10%)	互评分(30%)	教师评分(60%)
向客户交车	客户到店后,热情接待客户,交车综述简明扼要,内容完整			5 分			
	文件包准备完整,并向客户介绍各种单据的作用			10 分			
	有针对需求地向客户详细说明车辆的性能以及各控制装置的操作方法			15 分			
	向客户详细说明车辆的保修期及维护保养周期			10 分			
	将客户介绍给维修部门的人员,并确定首次维护保养预约			10 分			
	提醒客户在"PDI 检查表"和"交车确认表"上签字			5 分			
	举行简单而隆重的交车仪式			5 分			
	送别客户时,提醒满意度、加油站位置、物品及路线			10 分			
	适时赞美客户			10 分			
职业素养	能够灵活运用计划内容进行演练			10 分			
	仪态自然,大方;语言清晰、语速、语音、语调适中			5 分			
	工位整洁干净,文件摆放有序			5 分			
小 计							
总评分(自评分×10%+互评平均分×30%+教师评分×60%)							

任务评价

"向客户交车"任务评价见表 7-10。

表 7-10 学习任务 2"向客户交车"评价表

评价方式	评价项目	是	否
个人评价	通过互联网、市场调研等各种渠道获取向客户交车工作任务的相关信息,并主动咨询信息的可靠性		
	清晰表述向客户交车的工作流程及工作规范要求		
	熟练运用向客户交车的工作流程及规范要求,完成交车任务		
	与他人合作,进行有效沟通		
	遵守一体化课室 6S 管理规定,逐步养成良好的工作习惯,增强责任感		
小组评价	小组成员是否全部参与了计划策划及实施过程		
	小组成员是否具有团队意识,是否相互配合		
	小组成员沟通是否顺畅		
	小组成员能否自主学习并尊重他人		
	小组成员能否客观地自评与互评		
	小组成员是否服从教师安排		
	小组成员是否遵守 6S 管理规定,保证学习环境的干净整洁		

任务拓展

1. 本次学习任务为向客户交车，请思考：销售顾问向客户交车完成后，是否意味着针对该客户的销售工作也已经完成呢？为什么？

2. 销售顾问都希望老客户能为自己介绍新客户，为了达到这一目标，销售顾问应在哪些方面继续努力，来提升客户满意度？

基础知识训练

一、填空题

1. 交车前准备是指销售顾问充分把握客户提车时＿＿＿＿＿＿＿＿的心理，通过＿＿＿＿＿＿＿、相关证件材料准备、＿＿＿＿＿＿＿以及时间确认等各项工作，为接下来的交车工作打好基础，从而加深客户印象，提高客户满意度，顺利地进行交车。

2. 一旦交车时间确定下来，销售顾问应该第一时间与客户＿＿＿＿＿＿＿＿。如果客户对交车时间有特殊要求，销售客户应该＿＿＿＿＿＿＿＿＿＿。

3. 在向客户交车前，销售顾问应首先确认客户的服务条件和＿＿＿＿＿＿＿，确保客户的相关车款及费用已经缴纳完毕。

4. 在与客户确认好交车时间后，销售顾问应联系＿＿＿＿＿＿，安排车辆的检查。

5. 向客户交车流程中，销售顾问应在第一时间＿＿＿＿＿＿＿＿，向客户问好并表示祝贺，感谢客户购车，引领客户到＿＿＿＿＿＿＿＿，并提供相应饮品，简要介绍随后的交车环节，包括内容及时间等，请客户等待交车。

6. 在为客户做车辆介绍时，应当特别注意车辆常用的功能，如智能操作系统、＿＿＿＿＿＿、＿＿＿＿＿＿、＿＿＿＿＿＿、座椅调节等。

7. 销售顾问与客户按照"PDI检查表"的内容共同检验车况，然后共同签署和＿＿＿＿＿＿＿。

8. 销售顾问应向客户说明经销店的后续跟踪服务和增值服务项目，提醒用户驾驶新车时需要注意的问题及相关保修标准等注意事项，最后重点向客户介绍＿＿＿＿＿＿＿。

二、不定项选择题（每题有一个或多个答案正确）

1. 汽车销售流程中，销售顾问最兴奋的时刻是在＿＿＿＿＿＿时，而客户最兴奋的时刻是在＿＿＿＿时。（　　　）

   A. 客户接待，试乘试驾　　　B. 报价成交，试乘试驾
   C. 报价成交，新车递交　　　D. 客户接待，报价成交

2. 以下选项属于交车前准备的有（　　　）。

   A. 销售顾问个人情绪准备
   B. 销售顾问应首先确认客户的服务条件和付款情况，确保客户的相关车款及费用已经缴纳完毕
   C. 销售顾问安排车辆的PDI检查
   D. 销售顾问提前做好欢迎牌，欢迎客户前来提车

3. 销售顾问在确认交车时间时，可以提醒客户携带相关的提车文件资料，如（　　　）等。
   A. 身份证　　　B. 购车发票　　　C. 驾驶证　　　D. 银行卡
4. 车辆准备的注意事项有（　　　）。
   A. 车内地板最好不要铺脚垫
   B. 清洗车辆，保证车辆内外美观整洁（含发动机舱与行李箱）
   C. 车辆准备是售后人员及技师的事情，销售顾问不应该插手
   D. 为客户新车加注汽油，保证客户新车能开到最近加油站或保证油灯不报警即可
5. 交车文件中随车文件类包括（　　　）。
   A. 车辆使用手册　　　　　　　　　B. 临时行车牌照
   C. 保修手册　　　　　　　　　　　D. 销售顾问名片
6. 在向客户进行新车递交过程中，下列话术正确的有（　　　）。
   A. "×先生/女士，为了让您能有更加全面、详细的了解，不如您到我们店里来看一下实际的样车，这样您的印象会更加直观，您看这个周六或者周日哪一天比较方便呢？"
   B. "×先生/女士您好！这是保修手册，您的爱车每隔××公里要保养一次，每次保养需要检查或更换的项目这里都有详细的说明。"
   C. "×先生/女士，再次恭喜您提新车！现在向您介绍一下车辆各个功能的使用，整个过程大概20分钟。您看我们现在去可以吗？"
   D. "×先生/女士，我们的展厅经理、客服部以及我们售后服务人员与您一起合影留念，您看可以吗？"
7. 销售顾问向客户点交相关文件，同时向客户解释说明各种文件的功能，并请其妥善保存，请客户逐项确认后在（　　　）上签名。
   A. "保有客户信息卡"　　　　　　　B. "交车确认表"
   C. "PDI检查表"　　　　　　　　　 D. "来店客户登记表"
8. 销售顾问在向客户告别过程中，注意事项有（　　　）。
   A. 告知客户将来可能收到销售满意度电话或问卷调查，请客户予以支持
   B. 微笑目送客户的车辆离去，挥手道别一直到看不见为止
   C. 整理客户资料，填写"保有客户信息表"
   D. 根据客户去向指导行车路线

三、判断题

1. 销售顾问应在与客户预约交车时间的前一天，再次提醒客户，以防客户忘记或有其他临时性的安排。（　　）
2. 销售顾问应全程亲自跟进向客户交车事宜，不该交给他人跟进处理。（　　）
3. 销售顾问在新车递交过程中，不应该浪费客户时间介绍车辆功能，应该直接把车交给客户，相信客户能自己阅读及领悟《车辆使用手册》。（　　）
4. 用户休息区的准备以营造舒适环境为目的，争取让车主有宾至如归的感觉。（　　）
5. 向客户及其家属和随行人员赠送鲜花、小礼品，拍照留念，并鼓掌表示祝贺。（　　）
6. 销售顾问应当根据客户对车辆的特定需求，通过新车递交时的产品介绍反映出来，从而让客户切身感受到销售顾问对他的关注。（　　）

7. 如果客户没有足够的时间来完成交车的全过程，可以省略整个交车过程，直接将车辆交给客户。（　　）

8. 在交车过程中，销售人员要无时无刻不停地赞美客户的审美眼光及明智选择，从而更好地维护客户关系。（　　）

四、简答题

1. 请简述交车前工作流程及向客户交车的工作流程。

2. 销售顾问按照客户姓名及所购车型，为每位客户准备文件包，其中包含的文件资料有哪些？

五、情景模拟题

情景1　交车前发现需要延期交车

☐　实战情景

在交车前发现车辆不能按照与客户预约的时间交付给客户。

【问题】作为销售顾问，你将如何与客户进行沟通？

☐　情景分析及应对

情景2　新车客户对售后服务非常关注

☐　实战情景

向客户交付新车时，发现客户不断地询问售后服务等问题。

【问题】作为销售顾问，应该怎么向客户介绍售后服务情况，维系售后客户？

☐　情景分析及应对

学习情境八 售后跟踪服务

学习情境描述

随着时间的推移,王平的实习期过半,他也学到了汽车销售流程中的很多内容。现在,王平将进行售后跟踪服务的学习。销售经理告诉王平,并不是交车结束,销售流程就结束了,真正的销售始于售后,售后跟踪服务也是销售流程中非常重要的环节,如果这个环节做得好,就会给4S店带来很多新的利润增长点。

学习目标

1. 能熟练运用售后跟踪服务流程及工作要求,完成售后跟踪任务。
2. 能熟练运用处理客户投诉的流程及方法,妥善处理客户投诉。

学习任务

建议学时

6学时。

任务1 售后跟踪

任务目标

1. 通过互联网、市场调研等各种渠道获取售后跟踪工作的相关信息，并主动咨询信息的可靠性。
2. 清晰表述售后跟踪的工作流程及工作规范要求。
3. 熟练运用售后跟踪工作流程及规范要求，完成售后跟踪任务。
4. 与他人合作，进行有效沟通。
5. 遵守一体化课室6S管理规定，逐步养成良好的工作习惯，增强责任感。

任务情景

1．情景描述

通过王平的努力，客户张斌夫妇满意地提走了他们的新车，送走张斌夫妇后，王平长出一口气，伸伸懒腰，将客户资料进行整理，准备归档。销售经理走过来告诉他，针对客户张斌夫妇的销售工作还没做完，还需要继续努力。王平很奇怪，客户已经将新车提走，剩下的工作不是应该转交给售后部门了吗？

2．任务要求

（1）请以小组合作方式，讨论分析王平还需要开展哪些工作。形成小组意见后，统一提交。

（2）请与组内搭档合作，轮流以销售顾问的身份完成客户的售后跟踪工作。

任务知识

一、售后跟踪含义

售后跟踪是向客户交车后，汽车销售顾问继续与客户保持联系，并完成一系列相关工作，从而更好地实现销售目标的行为过程。

二、售后跟踪工作流程

售后跟踪工作流程如图 8-1 所示。

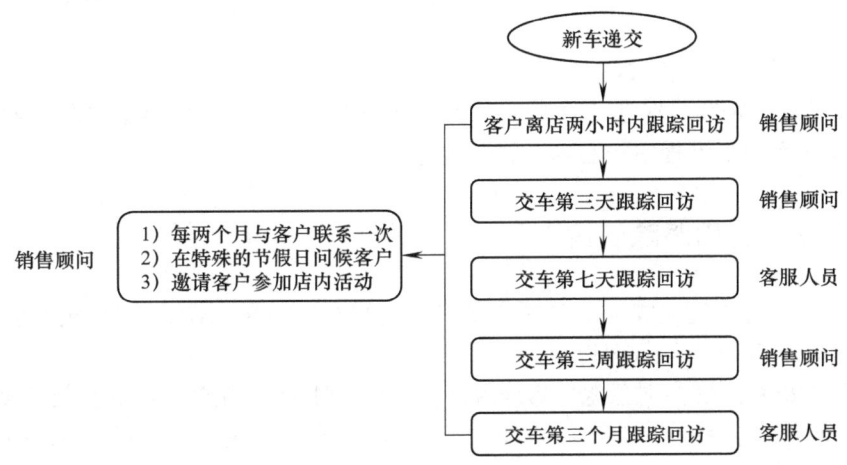

图 8-1　售后跟踪工作流程

三、售后跟踪工作规范要求及参考话术

（一）客户离店两小时内跟踪回访

汽车销售顾问应在客户离店两小时内进行跟踪回访，主要内容是感谢客户购买并向客户送上祝福。回访方式可以选择电话、短信或者微信等。

【参考话术 8-1】"×先生/女士，广州××（经销店名称）感谢您购买××（车型）。祝愿您在日后的用车过程中充分享受驾驶乐趣。您如果对车辆有任何疑问或问题请及时致电我们的客服热线××××××××，我们将竭诚为您服务！销售顾问×××。"

（二）交车第三天跟踪回访

在向客户交车的第三天，销售顾问仍需对客户进行跟踪回访。这次的主要内容是询问客户车辆的使用情况以及是否有不会使用的车辆配置。回访方式为电话。

【参考话术 8-2】
"您好！我是广州××（经销店名称）的销售顾问×××（销售顾问姓名），请问是×先生/女士吗？"
"请问您方便接听电话吗？"
"我这次打电话来是想问一下，这几天您新买的×××（车型）使用情况是否一切顺利？"
"您对车辆的操作功能还有哪些疑问吗？"

（三）交车第七天跟踪回访

在向客户交车的第七天，由客服人员对客户进行跟踪回访，主要内容是询问客户的用车感受及销售过程中对于销售顾问服务质量的感受。回访方式为电话。

【参考话术8-3】

"您好！我是广州××（经销店名称）的客服人员×××（客服人员姓名），请问是×先生/女士吗？"

"请问您方便接听电话吗？"

"我这次打电话来针对您在本店购买的×××（车型）做一个回访，以便更好地为您服务。请问您对本次购车过程中销售顾问的服务满意吗？"

（四）交车第三周跟踪回访

此次回访由销售顾问完成，主要内容是询问客户车辆使用情况，说明遇到特殊情况的解决方式，并适时请客户推荐新客户。

【参考话术8-4】"这段时间您一切还好吗？……对于车辆的行驶是否还有疑问？……我们的24小时服务热线是××××××××，您遇到特殊情况时可以第一时间拨打我们的电话。"

【参考话术8-5】"您周围的朋友对您的爱车评价很好吧？……他们中间有人有购车需求吗？……方便告诉我他们的联系方式吗？……或者您也可以让他们直接来店里找我，我一定做好服务，让您的朋友满意。"

（五）交车第三个月跟踪回访

此次回访由客服人员完成，主要内容是询问客户车辆行驶里程及行驶状况，提醒首保及要携带的文件。

【参考话术8-6】"请问您的×××（车型）到目前为止大约行驶了多少公里？"

【参考话术8-7】"这里要特别提醒您一下，当您的爱车行驶了5000公里或半年时（以先到者为准）需要进行首次保养，以保证车辆的各项性能处于最佳状态，请您预留出时间来店里，我们将会为您免费进行首次保养。"

【参考话术8-8】"好的，到时请您带好交车时给您的"保养手册"，我会将售后服务部门的联系电话发送到您的手机上，期待您的光临！"

除了上述流程规定的回访时间和回访内容外，汽车销售顾问还应该通过其他的方式与客户保持联系，做好客户关怀。如在特殊的节假日给客户送去问候，或者邀请客户参加店内举办的各种活动等。联系方式可采用电话、短信、微信、电子邮件等多种方式。

【参考话术8-9】"一年一度的新春佳节即将到来，祝您在新的一年身体健康，事业有成，阖家幸福！××经销店销售顾问××。"

【参考话术8-10】"×先生/女士，您好，我是××经销店销售顾问××，为了感谢老客户对本店的支持，本店特针对老客户举办了绿色驾驶体验营活动，届时将邀请专业的赛车教练与各位交流，共同体验驾驶乐趣。本次活动内容丰富，特邀请您拨冗参加！如果有兴趣，可直接回复短信，我会第一时间联系您。"

任务实施

步骤1 拟订任务实施计划

在正式实施售后跟踪前,可以按照"任务知识"中的相关内容进行工作步骤梳理及话术设计,完成表8-1。

表8-1 "售后跟踪"工作步骤要点梳理及话术设计

工作步骤	步骤要点	话术设计
客户离店两小时内跟踪回访		—
交车第三天跟踪回访		
交车第七天跟踪回访		
交车第三周跟踪回访		
交车第三个月跟踪回访		
在特殊的节假日给客户送去问候		
邀请客户参加店内举办的各种活动		

步骤2 按计划进行演练

拟订任务实施计划后,小组成员可以在组内寻找搭档,进行演练,并按照表8-2进行观察记录。

步骤3 根据演练情况,修订任务计划

演练结束后,可以根据观察记录情况,对拟订的任务计划进行修订,以确保任务顺利完成。

步骤4 正式完成任务

完成工作计划修订后,可按照修订后的计划正式完成售后跟踪任务,并按照表8-2进行评分。

表8-2 销售顾问"售后跟踪"工作过程观察评价表

任务	观察及评价项目	步骤2观察记录		步骤4评分			
		是	否	评价分值	自评分(10%)	互评分(30%)	教师评分(60%)
售后跟踪	各个时间节点回访方式选择及话术设计合理			20分			
	如果采用电话方式回访,遵守电话礼仪要求,并在通话过程中适当记录关键信息			10分			
	在特殊的节假日给客户送去问候时,话术设计温馨,能体现出销售顾问对客户的关怀			20分			
	善于利用时机邀请客户参加店内举办的各种活动			10分			
	邀请客户回店话术设计合理,实施有效			20分			
职业素养	能够灵活运用计划内容进行演练			10分			
	仪态自然,大方;语言清晰,语速、语音、语调适中			5分			
	工位整洁干净,文件摆放有序			5分			
小 计							
总评分(自评分×10%+互评平均分×30%+教师评分×60%)							

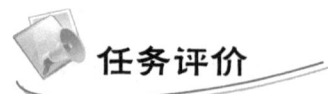

任务评价

"售后跟踪"任务评价见表8-3。

表8-3 学习任务1"售后跟踪"评价表

评价方式	评价项目	是	否
个人评价	通过互联网、市场调研等各种渠道获取售后跟踪工作的相关信息,并主动咨询信息的可靠性		
	清晰表述售后跟踪的工作流程及工作规范要求		
	熟练运用售后跟踪工作流程及规范要求,完成售后跟踪任务		
	与他人合作,进行有效沟通		
	遵守一体化课室6S管理规定,逐步养成良好的工作习惯,增强责任感		
小组评价	小组成员是否全部参与了计划策划及实施过程		
	小组成员是否具有团队意识,是否相互配合		
	小组成员沟通是否顺畅		
	小组成员能否自主学习并尊重他人		
	小组成员能否客观地自评与互评		
	小组成员是否服从教师安排		
	小组成员是否遵守6S管理规定,保证学习环境的干净整洁		

任务拓展

本次学习任务为售后跟踪,那么如果在售后跟踪过程中遇到客户投诉,销售顾问应该如何处理呢?

任务2 处理客户投诉

任务目标

1. 通过互联网、市场调研等各种渠道获取处理客户投诉工作的相关信息,并主动咨询信息的可靠性。
2. 清晰表述处理客户投诉的工作流程及工作规范要求。
3. 熟练运用处理客户投诉的工作流程及规范要求,完成处理客户投诉任务。
4. 与他人合作,进行有效沟通。
5. 遵守一体化课室6S管理规定,逐步养成良好的工作习惯,增强责任感。

任务情景

1. 情景描述

按照公司的售后跟踪要求,王平在交车后第三天对客户张先生进行电话回访。在回访中,张先生反映新车油耗较高，而且赠送的导航系统十分不灵敏，言语中透露出对使用成本的担心以及对赠品质量的不满意。

2．任务要求

（1）请以小组合作方式，讨论分析王平应该如何处理此次客户的投诉。形成小组意见后，统一提交。

（2）请与组内搭档合作，轮流以销售顾问的身份完成此次客户投诉处理任务。

一、处理客户投诉工作流程

客户投诉是客户对商品或服务质量不满的一种具体表现。在实际工作中，客户投诉和抱怨是不可避免的。处理客户投诉的工作流程如图 8-2 所示。

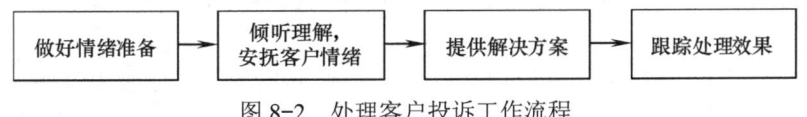

图 8-2　处理客户投诉工作流程

二、处理客户投诉工作规范要求及参考话术

（一）做好情绪准备

1．正面认识客户投诉

客户投诉对于经销店来说，实际上是一种新的机遇。向经销店投诉的客户一方面说明要寻求问题的解决方案，另一方面也说明这位客户并没有对店里失去信心，而是给经销店机会再尝试一次。很多案例表明，只要处理得当，客户大多会具有更高的忠诚度。因此，优秀的汽车销售顾问应该正面认识客户的投诉，积极妥善地处理各种客户投诉，赢得客户的谅解和信任，增强客户的忠诚度，提升企业的形象。

2．对客户投诉持欢迎态度

客户投诉可以反映经销店产品或服务所不能满足的客户需求，未满足的客户需求可以给销售顾问和经销店带来新的商机。因此，对于客户的投诉和抱怨，销售顾问应该持欢迎和重视的态度，将其作为对客户服务的一次有利机会。

3．真诚地理解客户

客户投诉和抱怨的根源是不满意和气愤，而这种不满意和气愤的原因是产品或者服务给客户的生活、工作带来了一定的困扰，因此在面对客户投诉时，销售顾问要换位思考，真诚地理解客户，尽量减少与客户之间的对抗情绪，以达到解决问题的目的。

处理客户投诉的最终目的是解决问题。

4．树立责任心和全局意识

很多销售顾问认为，只要客户提车之后出现的问题，都应该是售后部门负责的，与销售顾问已经没有关系了。如果每一个销售顾问都这样想，那么其所服务的公司也很快会丧失生存能力。优秀的销售顾问一定是具备责任心和全局意识的，他们知道，任何一个部门都属于同一家企业，客户投诉是对企业不满，而不是针对具体的部门，"一荣俱荣，一损俱损"。因此，不管客户投诉的问题如何，销售顾问都应该及时处理，向相关部门反馈，这样不仅有利于客户，而且真正意义上也有利于自己，有利于企业。

（二）倾听理解，安抚客户情绪

在接到客户投诉时，汽车销售顾问要善于倾听，把 80%的时间留给客户，一方面是让客户充分发泄出烦躁、气愤、失望的情绪，负面的情绪释放得越多，对后期的问题处理越有利；另一方面，让客户多说，也可以更加全面地了解关于客户投诉的信息，为问题的处理提供依据。

在客户发泄情绪时，销售顾问要迅速响应，尽量安抚客户的情绪，表现出对客户的理解、尊重和重视。

【参考话术 8-11】"我特别理解您现在的心情，如果我是您，也会生气的。"

【参考话术 8-12】"您别着急，我们到这边坐下聊，麻烦您告诉我具体的情况，我来帮您解决。"

【参考话术 8-13】"您来听听我的理解对不对，您的意思是……您希望……，我理解的对吗？"

 销售小技巧

处理客户投诉的"三变法"

根据客户投诉的具体情况，销售顾问可以采取变更"人员、场地、时间"的方法，要点是让客户看出销售顾问的诚意，使投诉客户恢复冷静。

1）变更人员：请出更高级别的人员接待客户，表示诚意。
2）变更场地：从展厅请到洽谈室或会议室，让客户恢复冷静。
3）变更时间：用时间换取冷处理的机会，多用于客户投诉难以处理的情况。

（三）提供解决方案

客户情绪平缓后，销售顾问要和客户一起分析问题，给客户一个合理的解释，并提出具体可行的解决方案。即使销售顾问判断出客户的问题单纯依靠自己的力量是无法解决的，也要在客户面前表现出努力为客户解决的状态。

【参考话术 8-14】"×先生/女士，真的非常抱歉，这件事情是这样的……确实是我们的失误……您看我们这样处理可以吗……"

【参考话术 8-15】"×先生/女士，对不起，这主要是我当时没有和您解释清楚，情况是这样的……"

（四）跟踪处理效果

当客户同意销售顾问的解决方案后，销售顾问要确保解决方案得到执行，并对处理效果进行跟踪跟进，避免引起客户的再次投诉。

【参考话术 8-16】"×先生/女士，您看我们这样处理，解决了您的问题了吗？……您还有其他方面的要求吗？"

任务实施

步骤 1　拟订任务实施计划

在正式实施"客户投诉处理"工作前，可以按照"任务知识"中的相关内容进行工作步骤要点梳理及话术设计，完成表 8-4。

表 8-4　"处理客户投诉"工作步骤要点梳理及话术设计

工作步骤		步骤要点	话术设计
做好情绪准备			—
倾听理解，安抚客户情绪			
提供解决方案	油耗偏高		
	导航系统不灵敏		
跟踪处理效果			

步骤 2　按计划进行演练

拟订任务实施计划后，小组成员可以在组内寻找搭档，进行接待前演练，并按照表 8-5 进行观察记录。

步骤 3　根据演练情况，修订任务计划

演练结束后，可以根据观察记录情况，对拟订的任务计划进行修订，以确保工作任务顺利完成。

步骤 4　正式完成任务

完成工作计划修订后，可按照修订后的计划正式完成"处理客户投诉"工作任务，并按照表 8-5 进行评分。

表 8-5　销售顾问"处理客户投诉"工作过程观察评价表

任务	观察及评价项目	步骤2观察记录		步骤4评分			
		是	否	评价分值	自评分（10%）	互评分（30%）	教师评分（60%）
处理客户投诉	处理过程中情绪平和，心态积极，态度亲切			10分			
	快速响应，有效安抚客户情绪			10分			
	善于倾听，理解客户投诉的真实内容和具体情况			20分			
	给出问题解决方案，并征得客户同意			30分			
	执行方案，并跟踪效果，对客户进行回访			10分			
职业素养	能够灵活运用计划内容进行演练			10分			
	仪态自然，大方；语言清晰，语速、语音、语调适中			5分			
	工位整洁干净，文件摆放有序			5分			
小　计							
总评分（自评分×10%+互评平均分×30%+教师评分×60%）							

任务评价

"处理客户投诉"任务评价见表 8-6。

表 8-6　学习任务 2 "处理客户投诉"评价表

评价方式	评价项目	是	否
个人评价	通过互联网、市场调研等各种渠道获取处理客户投诉工作的相关信息,并主动咨询信息的可靠性		
	清晰表述处理客户投诉的工作流程及工作规范要求		
	熟练运用处理客户投诉的工作流程及规范要求,完成处理客户投诉任务		
	与他人合作,进行有效沟通		
	遵守一体化课室 6S 管理规定,逐步养成良好的工作习惯,增强责任感		
小组评价	小组成员是否全部参与了计划策划及实施过程		
	小组成员是否具有团队意识,是否相互配合		
	小组成员沟通是否顺畅		
	小组成员能否自主学习并尊重他人		
	小组成员能否客观地自评与互评		
	小组成员是否服从教师安排		
	小组成员是否遵守 6S 管理规定,保证学习环境的干净整洁		

任务拓展

在处理客户投诉的过程中,销售顾问发现客户问题的产生原因是客户自身的责任,经销店并无过错,此时应如何处理?

基础知识训练

一、填空题

1. _____是向客户交车后,汽车销售顾问继续与客户保持联系,并完成一系列相关工作,从而更好地实现销售目标的行为过程。

2. 汽车销售顾问应在客户离店两小时内进行跟踪回访,主要内容是_____。

3. 客户投诉是客户对商品或服务质量_____的一种具体表现。

4. 处理客户投诉的工作流程为做好情绪准备、_____、_____以及跟踪处理效果。

5. 处理客户投诉的最终目的是_____。

6. 处理客户投诉的"三变法"是指_____、_____以及_____。

二、不定项选择题（每题有一个或多个答案正确）

1. 在售后跟踪环节,销售顾问应按客户能接受的方式与客户保持长期联系。在电话回访的时候，一开始不要直接谈车，聊点其他的内容。据此，下列各项错误的是（　　　）。

    A. ×先生/女士，您好！好久没联系了，打个电话问候一下

    B. 好久没听到您的声音了，最近生意很好吧

    C. ×先生/女士，您好，好久没见您了！我们这周末店里有个活动特邀请您来参加，特别为您准备了小礼物，咱们见个面

    D. ×先生，最近有没有朋友要买车的啊？给介绍一下吧

2. 如果客户对车或经销店表示不满，不可以（　　　）。

    A. 让客户随意地完全地说出自己的不满

    B. 为给客户带来的不便表示歉意

    C. 用你自己的话复述一遍客户对你所说的

    D. 尽快结束电话

3. 关于交车后二十四小时及七日内，经销店工作人员话术应对，不正确的是（　　　）。

    A. 恭喜您买了新车，感谢您对我的惠顾，日后有需要我为您服务时请随时和我联系

    B. 这是我们公司的感谢函（或小礼物），里面有关于您的权益及公司的营业、服务项目，让我来向您一一介绍

    C. 您目前车辆的使用情况如何？如果有任何问题，我会马上帮您处理

    D. 请问您的亲戚朋友有没有想买车的？能不能请您介绍

4. 依据客户跟踪规范，销售顾问至少每两个月应对客户进行一次跟踪，不属于跟踪目的有（　　　）。

    A. 客户关系开拓

    B. 2000km保养及定期保养邀请及预约（根据实际情况而定）

    C. 购车情报收集

    D. 协助客户对汽车使用问题的处理

5. 在电话回访的时候，如果客户忙，没时间谈，则（　　　）。

    A. 请问他什么时候方便，并安排一次确定日期和时间的电话回访

    B. 记下约定的时间，提醒你到时打电话给客户

    C. 继续与客户交流，表示不会占用他很多时间

    D. 谢谢客户，表示方便的时候再联系

6. 客户跟踪包含以下（　　　）内容。

    A. 依据"保有客户管理卡"，定时地与保有客户联系

    B. 帮助客户解决有关拥有车辆方面的所有问题

    C. 提醒客户进行维修保养

    D. 请客户将车辆或经销店推荐给他人

7. 在客户回访的时候，如果客户表示愿意进行这次交谈，则应该（　　　）。

    A. 感谢客户花时间和你交谈

    B. 感谢客户购车

    C. 询问目前对车的感受

    D. 借此机会，培养和客户的良好关系

三、判断题

1. 客户对于销售服务店的诸多关怀举措并不是特别在意。（　　　）

2. 回访过程中，如果客户表示不愿意联系，不要催促或纠缠他。　　　　　（　）
3. 对于客户所要求的，销售顾问无法办到的事情，可先行答应，以牵制住客户。
　　　　　　　　　　　　　　　　　　　　　　　　　　　　　　　　（　）
4. 经销店应该通过售后跟踪，让客户知道没有忘记他们，即使他们已经离开，但是仍能感受到经销店对他们的关心。　　　　　　　　　　　　　　　　　　　（　）
5. 在做客户跟踪回访的时候，应该有系统、有重点、有次序地追踪客户。（　）
6. "三变法"中的变更人员是指请出更高级别的人员接待客户，表示诚意。（　）
7. 很多销售顾问认为，只要客户提车之后出现的问题，都应该是售后部门负责的，与销售顾问已经没有关系了。　　　　　　　　　　　　　　　　　　　　　（　）
8. 客户投诉对于经销店来说，实际上是一种新的机遇。　　　　　　　　（　）

四、简答题

1. 请简述售后服务跟踪的工作流程。
2. 请列举在第三个月客户回访的参考话术。

五、情景模拟题

☐　实战情景

2015年3月6日，张先生在××4S店购买了一辆汽车，交车时由于时间匆忙并没有做到全面的检查，两天后，张先生发现汽车尾部有划痕（此期间张先生并没有发生过任何交通事故），于是来店找销售顾问要求换车。

【问题】假设你就是那位销售顾问，你该如何处理？

☐　情景分析及应对

_____
_____

附录　课程整体开发与设计

一、典型工作任务分析

典型工作任务是指一个职业的具体工作领域,是具有完整工作过程的一类工作。典型工作任务是一体化课程的来源,是一体化课程学习目标和学习内容制定的依据。典型工作任务分析是一体化课程开发的基础,通过完成典型工作任务分析,形成典型工作任务描述表(附表1)。

附表1　汽车销售典型工作任务描述表

典型工作任务名称	汽　车　销　售		
典型工作任务描述			
汽车销售展厅,销售顾问。被分析的工作岗位属于销售部,在该部工作的各类人员一般为15~20名,展厅空间宽阔,照明良好,光线充足,有空调设备,温度适宜,工作环境舒适 　　汽车销售顾问根据企业及品牌的服务标准和要求,在充分了解每一款汽车的配置、性能、优势、劣势、竞争品牌情况、客户需求信息等方面信息和知识的基础上,在汽车销售展厅中主动地与来店客户进行沟通,完整执行展厅销售流程,一方面使客户相对满意地购买到符合自己需求的汽车产品,另一方面也使企业实现把汽车产品成功卖给客户的工作目标,不断提高SSI(销售流程满意度)。 具体工作步骤如下:①售前准备;②客户接待;③需求分析;④产品介绍;⑤试乘试驾;⑥报价成交;⑦交车服务;⑧售后跟踪			
工作对象	**工具、材料、设备与资料**		**工作要求**
销售顾问在开展工作前需要进行个人仪容仪表及心态的整理、展车的清洁、展车的性能检查以及销售工具的准备及领用,需要掌握产品知识、销售知识、保险知识、消费信贷知识等;在销售过程中最重要的是为客户提供服务,与客户进行交流与沟通,满足客户需求。同时销售顾问为了顺利完成销售任务,需要随时与销售经理、销售主管(展厅经理)以及保安部、调度部等部门同事进行沟通;在销售过程中,销售顾问需要按照流程需要,使用各种业务表单,如"来电(店)客户登记表""意向客户信息卡""报价单"等	销售顾问在开展工作前,需要清晰公司的库存现状、订货在途情况、价格政策及促销政策,可以利用计算机查询或者查阅销库存动态表及当前促销方案 　　销售顾问在向客户进行自我介绍时,必备的工具是名片,销售顾问必须保证充足数量的名片 　　销售顾问在与客户进行交流时,根据客户的不同要求需要签字笔、便笺纸或空白A4纸、计算器、订书机、卷尺或直尺、文件夹以及车型报价单、保险速查表、按揭文件、销售合同、试乘试驾文件等工具材料,同时可以向客户提供产品资料,利用公司简介资料建立客户信心,可以向客户赠送精致小礼物或纪念品,增加客户的好感,留下客户信息 　　在工作过程中,销售顾问必须遵守企业规章制度 **工作方法** 　　客户开发与维护方法、客户接待方法、产品推介方法、有效沟通方法、客户异议处理方法、汽车费用与保险的计算方法等 **劳动组织方式** 　　整个销售团队实行既分工又合作的劳动组织方式,由销售主管(展厅经理)统领整个销售团队,下设若干个销售小组,每一个销售小组由若干销售顾问或销售助理组成。通常情况下每一位销售顾问都要求独立开发并维系自己的客户群,并负责从客户开发到成交及售后跟踪等整个过程 　　同时,销售顾问从销售主管(展厅经理)处了解销售任务、价格信息、排班情况、当前促销政策等,从库存组人员处掌握库存情况;在引领客户停车时需要保安部保安人员的协助;在多批次客户同时来店时,需要销售助理或其他销售顾问协助接待,遇到困难时需要销售主管(展厅经理)的协助		**客户** 　　来店客户要求受到热情亲切的欢迎和接待,要求客观地、全面地去了解产品的所有信息,要求在自己需要帮助的时候能够得到及时的帮助,但又要求有相对独立的空间,不想有压力,即要求恰到好处的服务分寸。最终希望购买到符合个人需求的汽车产品 **企业** 　　销售顾问在工作中必须遵守销售礼仪规范,展示专业形象,让客户感受到本企业的热情和关怀,使客户感到舒适和愉快,消除客户的疑虑,建立客户的信任,让客户在展厅停留更长的时间,获取客户需求信息,并有针对性地进行产品介绍,能够快速准确报价、有效处理客户异议并最终促成交易 **销售顾问个人** 　　塑造个人专业的职业形象是该项工作的基本要求,同时需要不断提高个人的语言运用能力、观察能力、沟通能力以及应变能力,需要不断学习,提高业务水平;在工作过程中需要团队的合作,必须具备团队合作精神
代表性工作任务			
任务名称	**任　务　描　述**		
销售准备	销售准备是所有销售工作的开端。销售准备工作包括销售顾问个人准备、展厅环境准备以及展车准备三大部分。汽车销售顾问每天均须按照企业及品牌的要求做好各项准备工作		
客户开发	在新车销售过程中,首先要进行客户开发。只有先找到客户,才有销售流程的下一工作步骤。销售顾问需要掌握寻找潜在客户的途径和方法,能通过各种途径开发潜在客户并进行潜在客户推进与管理		

(续)

代表性工作任务	
任务名称	任务描述
客户接待	客户接待包括电话接待和展厅接待两部分。其中电话接待的任务是清晰回答客户咨询,并争取吸引客户到店参观;展厅接待的任务是对来到销售展厅的客户提供接待服务,使客户感到舒适,建立客户的信任,让客户在展厅停留更长的时间,发掘客户需求,增加销售机会。在客户离店后,应做好客户信息管理
汽车产品介绍	在掌握客户需求后,销售顾问需要有针对性地向客户进行汽车产品介绍,此时常用的产品介绍方法有五方面归纳法、FAB利益陈述法以及六方位绕车法。通过销售顾问的汽车产品介绍,使客户更加了解汽车产品的优势,进一步激发客户的购买欲望和试驾兴趣。该任务属于汽车的静态展示,最重要的就是销售顾问按照流程,结构化地强调产品的独到之处,无须对技术上进行过多的阐述
试乘试驾	对于销售顾问而言,试乘试驾是刺激客户购买欲望的最佳途径。积极的试乘试驾体验是激发客户兴趣的最好途径。客户通过试乘试驾可以对汽车的性能、驾乘感受有最直接的体验。销售顾问应该按照流程要求,引导客户进行一次积极的试乘试驾体验
报价洽谈	在销售顾问有针对性地介绍产品以及试乘试驾之后,客户往往会希望了解关于价格、保险、付款方式等进一步的信息,并在此过程中产生各种客户异议。报价洽谈任务包括销售顾问向客户进行产品报价、推介保险、介绍付款方式、处理客户异议以及帮客户制作报价单等具体内容
签约成交	在完成前面各项流程环节之后,销售顾问应该及时捕捉到客户发出的购买信号,主动向客户提出成交,并通过有效成交方法和技巧处理客户异议,最终实现销售并完成相关业务单据
交车服务	通常来讲,在客户与4S店签订了购车合同后,往往还有一个单独的交车环节。汽车销售顾问根据与客户签订的购车合同,在客户预付订金的一定时间后向其交车。交车也是汽车销售流程中十分重要的环节,销售顾问需要充分把握客户提车时的心理,按照约定时间向客户交车,并尽可能地让客户满意以强化客户对品牌及销售顾问个人的信任感,并准备开启新一轮的需求开发
售后跟踪服务	售后跟踪服务主要包括两个方面的内容:一是跟踪客户的使用,了解客户在驾驶汽车过程中的心态变化,销售顾问应在客户提车后的合适时间对客户进行回访并积极处理客户的投诉和抱怨;二是与客户保持长期联系,正确获得客户的认可、信赖并得到客户的引荐

二、一体化课程转化

在典型工作任务分析的基础上,需要对该任务进行教学化处理,即将工作任务转化为学习课程。内容包括课程名称、教学安排、基准学时、工作分析、职业能力要求、教学分析、专业技术学习内容以及参考性学习任务等,并形成一体化课程转化表(附表2)。

附表2 一体化课程转化表(部分)

一体化课程名称		汽车销售顾问	
教学安排	第二学期	基准学时	114学时
职业能力要求			
1. 能通过互联网、市场调研等各种渠道获取汽车销售的各类型信息,包括汽车企业信息、汽车产品信息、汽车市场信息,并能够保证信息的准确性			
2. 能够根据汽车企业及客户的实际情况进行销售并实现企业的汽车销售目标			
3. 能够按要求规范完整地执行汽车销售流程的各个工作环节,并正确使用各种业务单据			
4. 能够熟练使用汽车销售流程中涉及的办公软硬件设备系统			
5. 在工作过程中,遵守国家法律法规和企业规章制度,注意安全操作与环境保护,养成良好的工作习惯			
专业技术学习内容			
1. 展厅销售流程			
2. 销售准备工作的具体内容及规范要求			
3. 潜在客户开发方法、途径及潜在客户管理			
4. 电话接待工作流程及规范要求			
5. 展厅接待工作流程及规范要求			
6. 汽车产品介绍方法			

(续)

专业技术学习内容
7. 试乘试驾工作流程及规范要求
8. 报价方法
9. 保险推介
10. 汽车信贷操作
11. 报价单制作
12. 异议处理及促进成交的方法
13. 签订汽车销售合同
14. 交车工作流程及规范要求
15. 售后跟踪服务工作流程及规范要求

三、制定课程标准

将典型工作任务转化为一体化课程后，则需要制定该课程的课程标准。一体化课程标准是实施一体化课程的纲领性文件，内容包括课程目标、学习任务分析、选取参考性学习任务、提出教学实施及教学考核建议等。其中课程目标的确定应以典型工作任务分析中的工作要求以及一体化课程转化表中的职业能力为依据，参考性学习任务则来自于代表性工作任务，同时课程标准中应包括具体的学习任务描述。附表3为"汽车销售顾问"一体化课程的课程标准。

附表3 "汽车销售顾问"一体化课程标准（部分）

一体化课程名称	汽车销售顾问	基准学时	114课时
课程目标			
本课程的目的是培养从事汽车营销专业学生从事整车汽车销售的工作能力。首先要体现职业能力导向的要求，反映企业的典型工作实践；其次要体现学生职业生涯发展的要求，通过在校课程的学习，使学生具备综合职业能力；再次要建立起学习与工作的直接联系，提高学习的有效性。具体如下 1. 通过互联网、市场调研等各种渠道获取学习任务的相关信息，并主动咨询信息的可靠性 2. 按要求规范完整地执行汽车销售流程的各个环节，并正确使用各种业务单据 3. 熟练运用汽车销售顾问仪容仪表礼仪、仪态、介绍礼仪以及名片交换礼仪等塑造专业形象 4. 运用汽车销售流程中涉及的方法技巧，包括接待技巧、发掘客户需求的方法、汽车介绍方法、客户异议处理方法、保险推介方法、按揭计算方法等 5. 学会小组学习，与他人合作，进行有效沟通 6. 遵守一体化课室6S管理规定，逐步养成良好的工作习惯，增强责任感			
参考性学习任务			
序　号	名　　称		学　时
1	销售准备		12学时
2	客户开发与接待		24学时
3	汽车产品推介		18学时
4	试乘试驾		6学时
5	汽车保险与信贷		18学时
6	报价成交		18学时
7	新车递交		12学时
8	售后跟踪服务		6学时

（续）

教学实施建议
1．教学方法与组织形式 （1）课程倡导行动导向的教学，通过学习引导问题，促使学生进行主动的思考。可采用讲授法、讨论法、引导课文法、角色扮演法等教学方法 （2）教学组织上以小组合作学习和双人学习为主，正面课堂教学和独立学习为辅，多种方式交替进行 （3）在教学时间的安排上，建议完成课时为 114 学时，任课教师可以根据实际情况进行调整 2．教学资源 （1）一体化教学场地。模拟汽车 4S 店展厅实训中心（一间）、教学车（2 辆以上）、多媒体教学设备、计算机（若干）及网络 （2）学习资料。教材、各项业务单据（车型报价单、保险速查表、按揭文件、销售合同、试乘试驾文件等）、汽车产品资料等 （3）学习工具。名片、领带、卡纸、磁贴、白板、白板笔、文件夹、水杯、计算器、签字笔、订书机、卷尺或直尺等

教学考核
学业评价原则采用过程性评价和总结性评价相结合的方式，既强调对学习活动的指导和引导，又注重检测教学目标的达到度。评价方式包括自评、小组自评、组间互评和教师评价；评价内容不仅包括学生的专业能力，也包括学生在学习过程中所表现出来的解决问题、与人合作、与人交流等方面的方法能力和社会能力

参 考 文 献

[1] 孙路弘. 汽车销售的第一本书[M]. 北京：中国人民大学出版社，2008.
[2] 顾燕庆，朱小燕. 汽车销售顾问[M]. 北京：机械工业出版社，2012.
[3] 刘珍. 汽车销售顾问服务技能与口才训练[M]. 北京：化学工业出版社，2011.
[4] 刘建伟. 汽车销售实务[M]. 北京：北京理工大学出版社，2012.
[5] 陈姣. 汽车销售人员超级口才训练[M]. 北京：人民邮电出版社，2010.
[6] 肖晓春. 步步为赢：汽车销售顾问职业化训练[M]. 北京：机械工业出版社，2009.
[7] 影响力中央研究院教材专家组. 引爆巅峰销售潜能的10堂心灵课[M]. 北京：电子工业出版社，2009.
[8] 刘亚杰，张元元，李磊. 汽车销售实务[M]. 北京：清华大学出版社，2012.
[9] 蔡文创. 汽车保险与理赔一体化项目教程[M]. 上海：上海交通大学出版社，2012.
[10] 黄卫红. 汽车销售口才训练实用技巧[M]. 北京：海潮出版社，2014.